歴史文化ライブラリー

126

ザビエルの同伴者 アンジロー

戦国時代の国際人

岸野 久

吉川弘文館

目次

1　ザビエルの日本人ガイド

ザビエルの日本人ガイド——プロローグ

ザビエル来日四五〇周年

フランシスコ・ザビエルが日本にキリスト教を伝えたことは小学校の教科書にも記されており、ザビエルは日本で最も知名度の高い外国人の一人であるといえる。一九九九年はザビエル来日四五〇周年という記念すべき年であった。「大ザビエル展」が主要都市で開催されたり、ザビエルの右腕が西日本各地を巡回したりして、日本中が大いにわいた。そしてこれらの催しが新聞やテレビなどのマスコミで大々的に報道されたので、ザビエルの名前はいっそう日本社会に浸透したに違いない。またザビエル関係のシンポジウムや国際会議も開かれ、私も国内外から招待を受けた。一九九八年十二月三日～六日、ザビエル・イヤーの開始を告げる「聖フランシスコ・ザビエル渡来四五〇周年国際シンポジウム・九八」が東京四ッ谷・上智大学で開催された。世界から学者が集まり、イスラム世界、インド、日本とザビエルとのかかわりをテーマとするシンポジウムが企画され、私は「日本人とキリスト教」について発題し、討議に加わった。また海外では一九九九年十一月二日～五日ポルトガル・リスボンで開催された新リスボン大学海外史センター主催の「国際会議・日本におけるキリスト教」に招かれ、「ザビエルと市来（いちく）Ichicu 布教」について講演した。これらの会議に参加し、世界の学者との交わりを通して、地球規模で活動したザビエルのスケールの大きさと後世への影響力を再確認し、ザビエル研究への決意を新たにしたのである。一九九九年は四半世紀にわたりザビエル研究に専念してきた私にとっても意義深い一年であった。

日本人パウロ

ところで、私がキリシタン史の研究に志して以来、常に気になっていた人物がいる。ザビエルの眼を未知の日本に向けさせ、ついに日本行きを決意させ、来日後は彼の右腕となった、薩摩出身の一日本人である。日本名はアンジロー（ウ）かヤジロー（ウ）か定かでなく、洗礼名はパウロ・デ・サンタ・フェ（聖なる信仰のパウロ）で、略してパウロという。名前のことは後に述べることにして、とりあえず、ここではパウロとしておく。日本人であれば誰しも興味と関心をもつ人物でありながら、日本史料が皆無であり、史料がすべて宣教師がらみの、いわゆる教会文書によらなければならないという史料的制約のゆえに彼の働きは十分に解明されておらず、その意義が正当に評価されているとはいえない。

「ヤジロウ考」

日本人パウロにかんする学的研究は、今からちょうど六〇年前の昭和十五年（一九四〇）に海老沢有道博士が執筆された「ヤジロウ考」（『史学』一九―三、のち『切支丹史の研究』一九四二年）のみである。この論文は当時において収集可能な外国語文献を用いて執筆された点で画期的なものであった。同博士は外国人の研究によりながら、日本人パウロがザビエル来日のきっかけをつくり、日本へ先導した功績を認めてはいるものの、ザビエルによる「大日（だいにち）」使用やザビエルの鹿児島退去後ほどなくして教会離脱したことなどにより、全体としてはパウロをマイナス・イメージで捉えている。この論文は日本人パウロにかんする唯一の学的論文であり、国内外において権威的論文として今日にいたるまで大きな影響を与えている。

近年のキリシタン研究

しかしながら、ここ三〇年間におけるわが国のキリシタン史研究の進展はめざましいものがある。史料の点では「キリシタンの世紀」をリードしたイエズス会の文書を所蔵する、ローマ・イエズス会文書館の公開、また研

アジア
中国
日本
山口
平戸
京都
豊後
鹿児島
インド
太平洋
バサイン
ゴア
サントメ
フィリピン
コーチン
セイロン島
アチェ
マラッカ
テルナテ島
モロ島
モルッカ諸島
スマトラ島
インド洋
アンボイナ島
ジャワ島
オーストラリア

の足跡

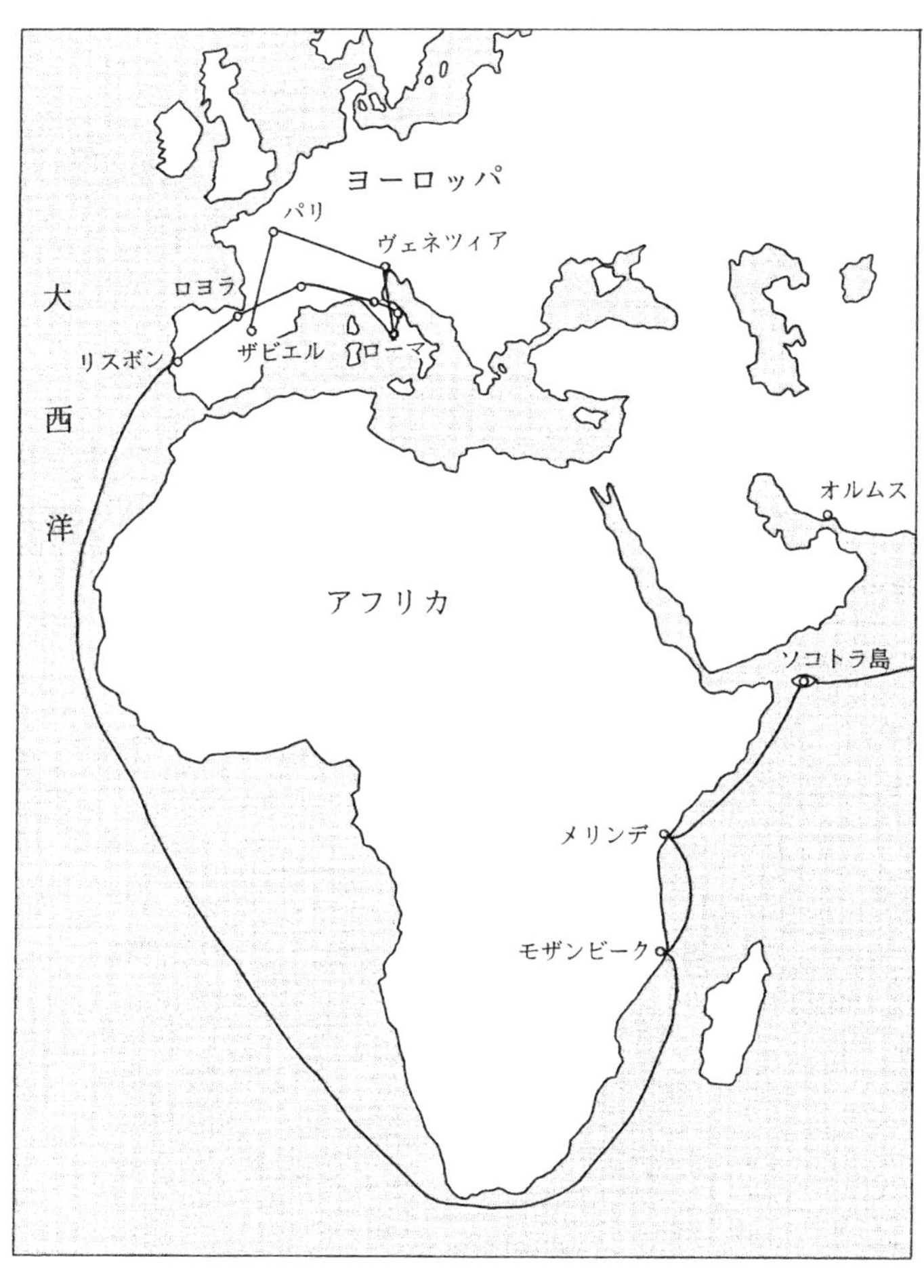
ヨーロッパ
パリ
ヴェネツィア
ロヨラ
大
西
洋
リスボン
ザビエル
ローマ
オルムス
アフリカ
ソコトラ島
メリンデ
モザンビーク

図1　ザビエル

究姿勢・方針の点では従来と異なる新たなる角度・方法からのアプローチなどによって、新たな成果が着実に生まれつつある。

私は一九七〇年に渡欧し、一年間ポルトガル文部省高等文化研究所から奨学金を得て、リスボンに留学し、二年間をスペインで研究し、三ヵ月をイタリアで過ごして帰国した。この間、上記の国々の文書館、図書館で日本布教初期の文書に接し、興味ある文書をひたすら筆写した。その中にパウロにかんする未刊文書が多数存在した。その後も機会あるごとに南欧諸国で調査を続けた。ザビエルとパウロにかんする文献調査の総仕上げは一九九二～九三年のローマ滞在であった。一年間の研究休暇を得て、教皇庁立グレゴリアーナ大学に留学し、ローマ・イエズス会文書館においてザビエル来日から一五七〇年までの教会文書を徹底的に読み、筆写できたことは幸せであった。また文献調査と並行して、ヨーロッパ、アジア、日本各地においてザビエルとパウロゆかりの土地を訪れ、文書が書かれた現地において当の文書を読み、その理解を深めることに努めた。

以上のような文献・現地調査をもとにザビエル研究に携わってきたが、ザビエルに対する研究のスタンスにおいて先学とは異なり、ザビエルを聖人としてではなく、一六世紀の現実に生きた一宣教師、一個の人間として捉え直して研究してきた。この結果、従来の研究では分からなかったザビエルの新たな側面と彼の周辺の事情がじょじょに明らかになってきた。これにともないザビエルとともにあった日本人パウロについても新たな事実が分かってきたので、今回これらをもとに先学の研究を再検討し、新たなパウロ像を提示してみたい。

パウロの現代的意味

私は歴史研究者としてパウロの歴史的意義を追究してきたのであるが、近年になって、彼の事績に私自身の、ささやかな海外での体験や経験を重ねあわせることによって、パウロが決して遠い過去の人でなくなってきた。

マラッカでザビエルと出会い、初対面のザビエルにポルトガル語を用いて、日本と日本人の存在をアピールしたこと、ゴアの神学校に留学し、外国人と共同生活し、所定の学業を修めたこと、ザビエルの日本行きに備え、日本情報を提供したり、キリスト教教理書を日本語に翻訳したこと、帰国後はザビエルの通訳として教理説明や説教を行い、彼の右腕として活躍したこと、などなど。つまり、外国語によるコミュニケーション、情報発信、外国人との共生などの、異文化コミュニケーションにかかわる事柄は、「全地球化（グローバリゼーション）」しつつある現代の私たちには、いっそう日常的で、切実な問題となってきている。辞書も情報も指導者も存在しない、ないない尽くしの状況にあって、これらの問題を上首尾にこなしたパウロに、私は驚嘆し敬服するばかりである。なぜ、このようなことが可能となったのであろうか、私は戦国時代の国際人パウロに多くを学びたいと思う。

なお、ザビエルの表記はシャヴィエル、サヴィエル、ハビエルなどいろいろあるが、ここではわが国で通称となっているザビエルを用いることにする。地名の表記はキリシタン史料による。たとえば市来は現在「いちき」であるが「いちく」とする。

引用するザビエルおよび他のイエズス会士の書翰は、ローマ・イエズス会文書館所蔵文書および次の校訂本の翻訳である。

(1)シュールハンマー・ヴィッキ共編『聖フランシスコ・ザビエル書翰集』(G. Shurhammer S. I. et I. Wicki S. I. ed., *Epistolae S. Francisci Xaverii aliaque eius scripta*, 2 vols, Romae, 1944-45.)

(2)ヴィッキ編『イエズス会インド布教史料(一)』(Josephus Wicki S. I. ed., *Documenta Indica*, Vol. 1, Romae, 1948.)

日本人アンジロー

パウロ・デ・サンタ・フェの日本名

パウロの日本名

ここで私は日本人パウロの日本名を検討してみたい。彼の日本名は確実なことが分からず、いくつかの表記がある。代表的なものは、片仮名では、アンジロー（ウ）かヤジロー（ウ）であり、漢字ではヤジロー（ウ）に弥次郎があてられている。名前とその表記はルーツ探しと大いにかかわり、この問題にかんして今まで繰り返し論じられてきたので、これらを整理し私なりの考えを示しておきたい。

パウロの日本名とその表記を確定するには日本史料によるのが最適であるが、彼にかんする日本史料は皆無であり、今後も期待できそうもない。だが、名前について、彼がキリスト教宣教師やポルトガル人と関係したことから、外国人の記録を利用することができる。

これで万事解決かといえばそうではない。外国史料はアルファベットを用いた表音文字で書かれているので、これをもとに日本名を推測するさいには別の困難な問題が生じる。

アンジロー説　外国史料によれば、ザビエルをはじめ、日本やインドにおいて日本人パウロに直接会った人々は、Angero（ザビエル、ランチロット）、Anjiro（フロイス）、Anjiroo（メンデス・ピント）などと表記している。このローマ字表記は片仮名でアンジローまたはアンジロウと二通りに表記できる。私は、語末は長音記号を用いてアンジローと表記している。

これに対して、一六〜一七世紀日本に滞在し、通詞伴天連（つうじバテレン）として知られたジョアン・ロドリゲス・ツズ（以下、ロドリゲス）は、

そこの民衆の中にYajiroという男子名をもつ一人の日本人がいた。この名前をいろいろな書物には間違ってAngeroと書いている。（池上岑夫ほか訳注『日本教会史 下』一九七〇年）

と記し、Angeroは間違いでYajiroが正しい、としている。彼は在日イエズス会士中、フロイスと並んで日本語の達人として知られ、徳川家康の通訳を務め、『日本大文典』『日本小文典』を執筆した人であり、彼の意見は十分傾聴に値する。

Angeroは Yajiroである、とするロドリゲスの見解を音韻学の立場から支持するのが土井忠生博士であり、氏はその理由を次のように述べている。

ヤジロー説

「ヤ」がなぜ「ア」になったかということですが、その前に「ン」について申します。大体、ガ行、ダ行、バ行の音の前の母音が鼻にかかるところから、その鼻母音を単純の鼻音として写したのですが、さらに地方によってはザ行の前でもそれが現れることがあったようです。次に、「ヤ」と「ア」の関係ですが同じくシャヴィエル［ザビエル］の手紙の中に、山口がAmanguchiと書いてあります。それは日本語の「ヤ」が、外国のyのような摩擦音でないので、「ア」と聞き取られたのでありましょう。また終わりの長音が写されていませんが、これも外国人にはよくあることであります。ですから、弥次郎をアンジロと聞いたことはありうるのではないかと考えられます。やはりロドリゲスのあげた弥次郎というのが、日本人としての本名とみるほうがよいように思います。（「ジョアン・ロドリゲスの日本観」『キリシタン文化研究会会報』一一―二・三）

土井博士がここでYajiroの表記を「弥次郎」とあてていることにかんして後に述べるとして、音韻学の立場からYajiro説を支持されていることは重視されなければならない。

とはいえ、Angero説は、アンジローの同時代のすべての人々によって支持され、その中にはロドリゲスと並んで日本通であり、日本語の達人で、しかもパウロと実際に会ったことのあるフロイスも含まれており、Angeroも捨てがたいのである。ザビエル研究の権威シュールハンマー神父はYajiroの可能性を否定するものではないとしながらも、ロドリゲスがしかるべき根拠をあげていないことから、Angeroをとるとしている。このようにパウロの日本名にはアンジローAngeroかヤジローYajiroかの二通りの可能性があり、いずれが正しいか決定的なことが言えない。私はいずれでもよいと考えるので、論文や著書では、冒頭において「アンジロー（またはヤジロー）」と記すことにしている。

ヤジローの漢字表記

ところで、このローマ字表記Yajiroを弥次郎と表記してよいと土井博士は主張する。その理由として、

ロドリゲスの『日本小文典』に日本人の仮名（けみょう）について説明し「弥（いよいよの意の「いや」の代わり）、また、小（子）、孫、彦」のうちの一つが「太郎、次郎、……十郎」のうちの一つと複合することを挙げている（Arte breve,f.77）。故にYajiroは、右の説明に従って、弥次郎と解して誤りはないと思われる。（『日本教会史　下』）

と述べている。私は「弥」にかんして、同博士の主張を認めるとしても、次にくる「ジロー jiro」については「次郎」のみならず「二郎」の可能性を指摘したい。そして事実、「弥次郎」と記されている文書と同じ家の先祖の名前に「弥二郎」があり、Yajiro は必ずしも「弥次郎」と決められないのである。ヤジロウ説をとられる海老沢有道博士も日本史料で確認されないかぎり、むやみに漢字表記をとるべきでないとされ、片仮名表記を主張されている（『ゑぴすとら』一七七）。私もこれに同感である。

なお、根占出身の池端弥次郎が日本人パウロであるという見解に対して、私はその説が成立しえないことを別著で明らかにしているので、参照されたい（「パウロ・デ・サンタ・フェ・池端弥次郎重尚同一人説について」『ザビエルと日本――キリシタン開教期の研究』一九九八年）。

アンジローの出身地・身分・職業・年齢

アンジローにかんする基本的なデータを整理しておこう。

出身地　彼の出身地にかんして手がかりとなるのが一五四九年十一月五日付鹿児島発ゴアのイエズス会士宛ザビエル書翰である。そこに「私たちは日本の他の港に寄ることができず、パウロ・デ・サンタ・フェの故郷 tierra である鹿児島 Cangoxima に到着しました。同地で彼の親戚やその他のあらゆる人々から大歓迎されました」とあり、彼の出身地は港町鹿児島と考えられる。鹿児島は一五四六年来日したポルトガル商人ジョルジェ・アルヴァレスの「日本情報」に鹿児島 Quamguasuma と記載され、薩摩半島の山川（やまがわ）や大隅（おおすみ）半島の根占（ねじめ）と並んで、九州の主要な港の一つとされている。

身分・職業

彼の身分を明確にする史料は存在しないので、アンジローと直接に会った人々の記録を手がかりに推測してみよう。アンジローとゴアで一年あまり生活し、日本情報を聴取し、編集する役割にあった聖パウロ学院の院長ニコラオ・ランチロットは「アンジローという名前で、その土地（日本）出身の、高貴な人（ノーブレ）」（「ローマ・イエズス会文書」日本・中国部四、一八葉）と記し、フロイスは「アンジローという名前の高貴な異教徒（ノーブレ）」（ヴィッキ校注『日本史』リスボン、一九七六年）と記している。これらの史料をもとに、シュールハンマー神父をはじめ外国人研究者の多くは、アンジローを武士階級で、著名な家の出身者としている。しかし、ノーブレ"nobre"という単語のみで武士階級と考えるのは早計である。確かにnobreは「貴族の」「高貴な」「著名な」「気高い」などを意味する形容詞であるが、ランチロットやフロイスが何をもって「高貴な」と判断したか、不明であり、武士とする積極的な根拠に欠けるからである。後代の記録に豪商たちがノーブレと記載されている例もある。

のちに述べるように、アンジローがゴアでランチロットに語った「第二日本情報」において、日本と中国・朝鮮間の貿易品目を的確に伝えていること、ザビエルとはじめて会ったとき、意志の疎通が可能なほどポルトガル語ができたこと、日本脱出前にポルトガル商人の知己がいたこと、マラッカでのザビエルとの対話ぶり、さらに来日後の宣教団での役割・位置などから総合的に判断して、アンジローは貿易商人である、と私は考える。

フロイス『日本史』に、アンジローが八幡船（ばはんせん）に身を投じ、中国で殺されたらしい、と記載されていることから、彼を「倭寇（わこう）上がり」と推測する見解がある。確かに南九州には海外でも有名な倭寇の発進基地が多く存在したし、当時、海外への交易船は当然、最小限の武装を備え、いったん事があれば武器をとったことは大いにありうるので、彼を「倭寇」と解することは可能であるが、私は彼の職業として積極的に支持しない。

年　齢　一五四八年ゴアでアンジローに会ったフロイスは「彼〔アンジロー〕は三六・七歳くらいと思われた」（松田毅一ほか訳注『日本史 6』一九七八年）と記しており、これから逆算すると、一五一一年（永正八）または一五一二年（永正九）ころの生まれと推測できる。それゆえ彼がザビエルと出会い、ザビエルとともに鹿児島で活動した時期は、三七〜三八歳くらいの気力・体力ともに充実した、働き盛りの年ごろであったことになる。

アンジローの随伴者たち

日本人ジョアネとアントニオ

来日前の一五四九年一月十四日付コーチン発ロヨラ宛ザビエル書翰に、来日する宣教団の日本人メンバーとして「パウロとその他二人の日本人」と記されている。このパウロとはアンジローであるが、他の二人については、その身分やアンジローとの関係など同時代の史料においてすら混乱し、未解決のままである。このように史料的な困難はあるが、根本史料をもとにできるかぎり彼らについて明らかにしてみよう。

彼らにかんする重要な史料の第一は、彼らを最もよく知っていたはずのアンジローの書翰（一五四八年十一月二十九日付ゴア発イグナティウス・デ・ロヨラ宛）である。それによると、「私〔アンジロー〕は当コレジオ〔ゴアの聖パウロ学院〕に滞在して学習し、信仰について教えを受け、同年の聖霊降臨日〔五月二十日〕大聖堂において司教〔ジョアン・デ・アルブケルケ〕から洗礼の水を授かりました。また同日、私が日本から伴い、同じく当地にいる私の一召使 um criado myo もそのように〔洗礼を授かりました〕」とあり、アンジローが同伴した召使は一人であることが分かる。

第二の史料はゴアの聖パウロ学院の舎監として一年間あまり彼らと寝食を共にしたイエズス会士ミセル・パウロの書翰（一五四八年十二月初旬ゴア発シモン・ロドリゲス宛）である。これには「当地には日本出身で、キリスト教徒になった者がおり、名前をパウロと言います。……またカザ〔修院〕には彼の一召使 hum seu criado がおり、名前をジョアネ Joanne と言います。彼はとてもよい若者で大いに進歩しています。そしてもう一人は僕 outro moço でアントニオと言い、パードレ・メストレ・フランシスコに譲渡されました。彼らは神がお望みであれば、彼〔ザビエル〕と共に日本へ行くはずです」とある。本書翰の作者ミセル・パウロは彼らの学院入学のさい、その役目柄、名簿作成に立ち合っていたはずであり、その記述の信憑（しんぴょう）性は高いといえる。彼によれば、パウロ〔アンジロー〕の召使 Criado は一人で、名前はジョアネであり、あと一人は僕 moço で、アントニオといい、ザビエルに「譲渡された」ということである。なお、ミセル・パウロの書翰は彼ら日本人二人の名前がイエズス会文書に記された最初のものである。ではこれら二史料をもとに両人の名前・身分、アンジローとの関係について明らかにしてみよう。

ジョアネの身分

アンジローの随伴者の一人は日本名が不明なので、洗礼名をとってジョアネという。その身分はポルトガル語でクリアード criado とある。原語の意味は、召使・僕・下男・奉公人・家来・家臣など、文脈によってさまざまあるが、一般的には社会の被支配者階級の下位に位置し、行動の自由を制限された者をさすので、ここでは召使と訳す。別の史料にはアンジローの召使は二人とあるが、上述の二つの根本史料からアンジローの召使はジョアネ一人であることが分かる。アンジローとジョアネの両者の関係はアンジロー書翰に「私の一召使」とあることから、主従関係にあったと考えられる。これに対して、アンジローとジョアネを「兄弟」とする史料（フロイス『日本史』、一五五四年四月付ゴア・コーチン間発ロヨラ宛ヌーネス書翰）があるので、この理由を考えてみよう。のちのことになるが、フロイスとヌーネスは一五五四年ジョアネを案内者兼通訳として伴いゴアを出発し、日本へ向かった第二次日本派遣宣教団のメンバーである（もっともこのとき、フロイスは途中のマラッカに留まり、来日しなかった）。この宣教団におけるジョアネはもはやかつての召使ではなく、日本ではザビエルと行動を共にし、二度目のゴア行きを果たし、以前のザビエルを長とする第一次日本派遣宣教団でのアンジローに匹敵する役割を与えられていた。このような、宣教団での位置・役割の上昇がフロイスらをして「召使」ジョアネをアンジローの「兄弟」と誤らせる原因となったと思われる。

アントニオの身分

もう一人の日本人も日本名が不明なので、洗礼名からアントニオと呼ぶ。彼の身分も従来の研究では不明であったが、その解明のヒントとなるのが上述のミセル・パウロの書翰である。それには「もう一人は僕(モッソ)で、アントニオといい、パードレ・メストレ・フランシスコに譲渡されました」とある。「譲渡されました」とある文章は、その主語を明示しない無人称文である。残念ながら譲り主は分からないが、アントニオは譲渡の対象とされていた奴隷であることが分かる。譲渡主についてシュールハンマーおよびヴィッキ神父はポルトガル商人ジョルジェ・アルヴァレスと推測しており、私もその可能性が高いと考える。当時、ポルトガル商人が奴隷を所有することは一般的であった。たとえば、かつてアルヴァレスの船に乗り組んでいた商人フェルナン・メンデス・ピントがイエズス会に入会し、イルマンとして来日するさい、三名の奴隷を伴っていた。また、聖パウロ学院の学生の中には、雇い主から譲渡された奴隷や、院長と舎監が喜捨によって購入した奴隷もいた。したがって、日本人アントニオがポルトガル商人の奴隷であったことは大いにありうることである。

ジョアネとアントニオの二人がともにアンジローの召使であるとする記述（たとえば、フランシスコ・ペレス「インドにおけるイエズス会の起原に関するパードレ・F・ペレスの報告」『ザビエルと日本』）について考えてみたい。一五四七年マラッカでザビエルはアンジローとその召使ジョアネに会った。このとき、アントニオもポルトガル人某の奴隷としてマラッカにいたはずである。ザビエルはアンジローと会い、日本布教を決意し、アンジローとジョアネをゴアに送り布教要員として教育しようとした。これと同じころ、アントニオはポルトガル人某からザビエルに提供されたものと考えられる。ザビエルはアントニオもアンジローらの仲間に入れ、日本行きの要員にしようとした。もともとアントニオはアンジローの召使ではなかったが、ジョアネに準じて待遇され、日常生活ではアンジローのもとに置かれたのであろう。アントニオとジョアネは日本人同士で常に行動を共にしていたので、ゴアでは到着直後から両人ともアンジローの召使と見なされたものと考えられる。

アンジロー書翰

アンジローの前半生

アンジローにかんする日本史料は皆無であり、教会史料もわずかである。その中で彼の前半生を伝える唯一の史料はアンジローが書いたとされる書翰であり、彼の姿を今日に甦らせてくれる。まず、書翰全体を一編の作品としてお読みいただくために、史料にかんする考証は後まわしにする。この書翰はアンジローが一五四八年十一月二十八日付でゴアからイエズス会総会長イグナティウス・デ・ロヨラと同僚宛に送ったものである。文中には、キリスト教用語や教会特有の表現、さまざまな人名や人間関係など理解しがたい部分があろうかと思われるが、気にせず一気に読みすすんでいただきたい。なお、本文がスペイン語なので、固有名詞、地名などの表記がスペイン語読みになっていることをお断りしておく。

〈本文〉

日本人パウロ・デ・サンタ・フェ Paulo de Sancta fee がパードレ・マエストロ・イグナティオおよびその他のイエズス会のパードレ・イルマンたちに記した書翰　ゴア発

一五四八年十一月二十九日

日本人パブロ Pablo 〔アンジロー〕はパードレ・イグナティオおよびその他のイエズス会のパードレ・イルマンたちに、イエス・キリストの平安と恵みと愛を送ります。

［第一部］

前　書

私を母の胎内から取り出された主は（道を失い、さ迷っている羊を探しに来られた方のように、主から遠く離れた私をお忘れにならず）私を闇から光へと引き出され、私たちの霊魂の贖(あがな)い主イエス・キリストの信仰による救いへと導かれました。そして私に真理を知らせただけでは満足されず、さらになお、私たちのために流された多くの血が無駄になり、失われることがないように、父〔なる神〕の

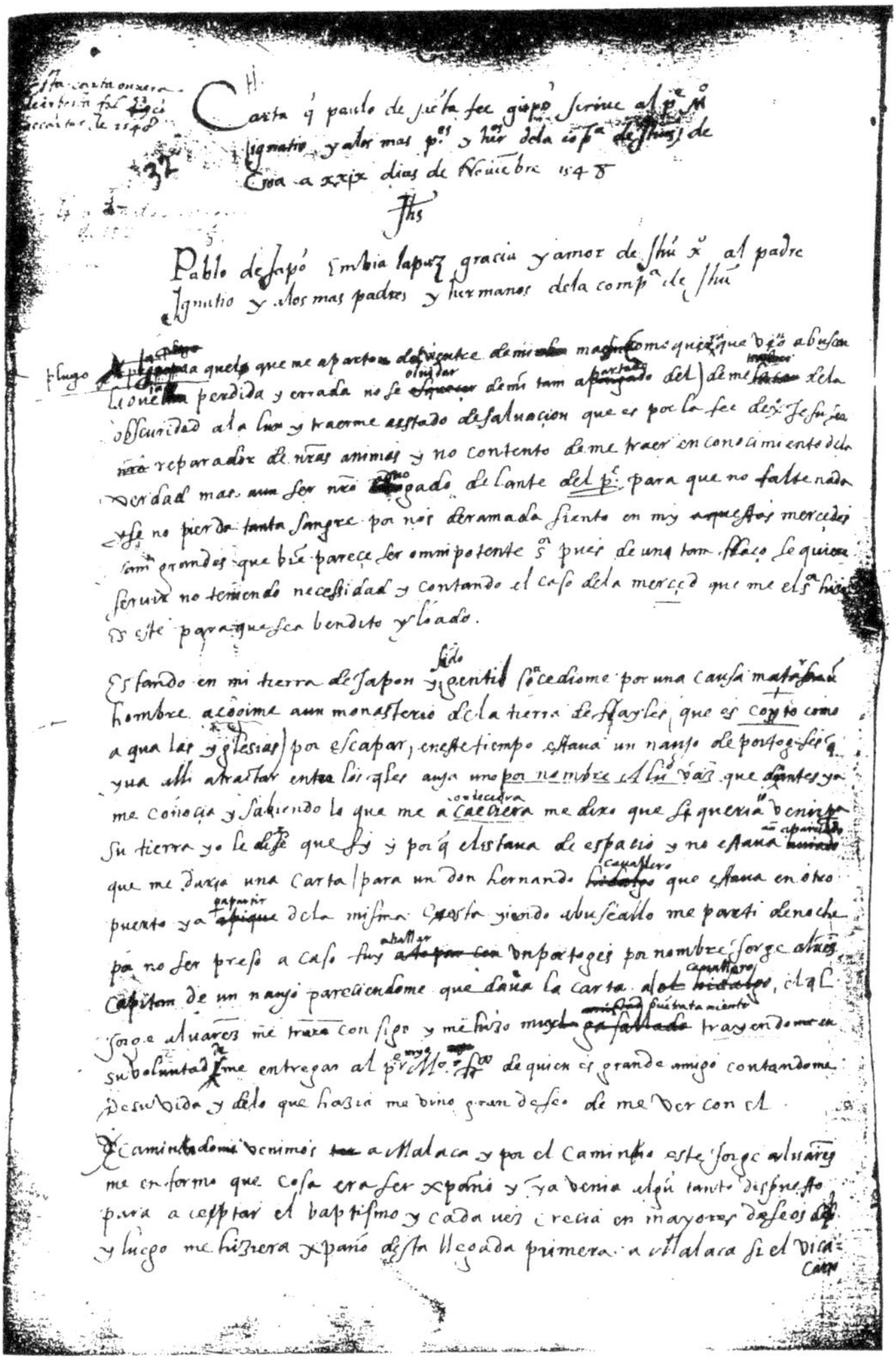

Carta q paulo de sãta fee giapõ scriue al p.e m.o Ignatio y a los mas p.es y her.os dela comp.a de Jhus de Goa a xxix dias de Nouiebre 1548

Jhs

Pablo de Japó embia la paz gracia y amor de Jhu x.o al padre Ignatio y a los mas padres y hermanos dela comp.a de Jhu

plugo [illegible] que me apartase [illegible] que dios a buscar [illegible] perdida y errada no se oluidar de mi tam apartado del de me sacar dela obscuridad ala luz y traerme a estado de saluacion que es por la fee de x.o Jesu n.ro reparador de n.ras animas y no contento de me traer en conocimiento dela verdad mas aun ser n.ro abogado delante del p.e para que no falte nada y se no pierda tanta sangre por nos derramada siento en my aquestas mercedes tam grandes que bie parece ser ommipotente s.or pues de una tam flaco se quiere seruir no teniendo necessidad y contando el caso dela merced que me el s.or hizo en este para que sea bendito y loado.

Estando en mi tierra de Japon y siendo gentil sucediome por una causa matar un hombre acogime aun monasterio dela tierra de frayles que es como aqua las yglesias por escapar, en este tiempo estaua un nauio de portogeses y ya alli a tratar entre los quales auya uno por nombre Aluo Vaz que dantes ya me conocia y sabiendo lo que me acaeciera me dixo que si queria venir a su tierra yo le dixe que si y porq el estaua de espacio y no estaua aparejado que me daria una carta para un don Hernando cauallero que estaua en otro puerto y a partir dela misma carta yendo a buscallo me parti de noche para no ser preso a caso fuy a topar con un portoges por nombre Jorge Aluarez capitan de un nauyo pareciendome que daua la carta al cauallero, el qual Jorge Aluarez me traxo consigo y me hizo mucha amistad [illegible] trayendome en su boluntad de me entregar al p.e m.e Fr.co de quien es grande amigo contandome de su vida y delo que hazia me vino grande deseo de me ver con el.

Y caminando venimos a Malaca y por el camino este Jorge Aluarez me enformo que cosa era ser xpano y ya venia algun tanto dispuesto para a ceptar el baptismo y cada vez crecia en mayores deseos y luego me hiziera xpano desta lleagada primera a Malaca si el vica-

図2　アンジロー書翰（リスボン・アジュダ図書館蔵）

み前において、弁護者となられました。私は心のうちに、これらの恩寵を感じます。これらはあまりにも大きく、主が全能であることをよく示しています。というのは、このように弱い者を、その必要がないにもかかわらず、お使いくださろうとされているからです。主から私に与えられた恵みのことを述べるのは、主が祝福され、賛美されるためです。

［第二部］

鹿児島出奔　私が日本の私の土地にいて異教徒であったとき、私はある理由により人を殺害してしまいました。私は逃れるために、土地に存在する、修道士の某僧院――当地の教会のような避難所――に身を隠しました。このころ、かの地に取引に行っていたポルトガル人たちの船が一艘停泊していました。これらの人々の中に、アルヴァロ・ヴァスという者がおり、私は彼を以前から知っていました。彼は私の身に起こった出来事を知って、彼の土地へ来るつもりはないか、と尋ねましたので、私はそのように望んでいる、と言いました。彼は急がず、まだ艤装もしていなかったので、同じ海岸の別の港にいて、その時まさに出発しようとしていたドン・エルナンドという紳士宛の手紙を与えよう、と言いました。私は捕らえられないように夜間に出て、彼を探しに行きました。私は、たまたま、ある船の船長ジョルジェ・アルヴァレスというポルトガル人と出会いました。私は例の紳士〔ドン・エルナンド〕に手紙を渡したものと思っていました。ジョルジェ・アルヴァレスは私を伴い、大いに歓待し、すすんで私をパードレ・マエストロ・フランシスコに託そうと企てました。彼はパードレと大の親友でした。彼は同パードレの生涯と事績を語ってくれましたので、私の心のうちに彼とお会いしたいという望みが大きくなっていきました。

　私たちは航海して、マラッカへ到着しました。航海中、このジョルジェ・アルヴァレスは、キリスト教徒とはどのようなことか、教えてくれましたので、洗礼を受けようという気持ちが多少起こってきました。そして、この望みはだんだんと大きくなっていきました。したがって、もしもあの地〔マラッカ〕の教区司祭(ビカリオ)が私に洗礼を施していたとしたら、私は最初にマラッカへ行ったとき、すぐにキリスト教徒になっていたことでしょう。彼から、私がどのような素性で、どのような境遇か尋ねられたさい、私が結婚していることや自分の家へ戻らなければならないことを話しますと、彼は、異教徒の妻と生活するために戻るべきではない、と言って洗礼を拒んだからです。私の土地へ航海する時期がきましたので、私は中国(チナ)行きのある船に乗って出港し、中国から時機を得て〔別の〕船で、再び日本へ渡ろうとしました。

中国に着き、〔そこから〕七～八日、およそ二〇〇レグアのところにある日本へ向かって航海し、ようやく私たちが日本の海岸へほぼ二〇レグア〔の地点〕に達し、すでに〔日本が〕視界に入ったとき、非常に大きな嵐が陸地から船首に向かって吹きつけ、まっ暗闇になり、どうすることもできませんでした。この嵐は昼夜分かたず、四日間続き、〔主の〕ご慈悲を求めましたが、非常に困難な状態に陥りました。この出来事で、私たちは出発した中国の港へ戻らざるをえませんでした。

上述したとおり、中国へ戻り、過ぎ去った嵐のことやキリスト教徒になって、信仰について学びたいという望みが私の心に依然として続いていることを知って、今後のことを決めかねていました。ところが、中国へ戻ったさい、私の土地ではじめて私とかかわり、私に〔マラッカ行きを〕勧めてくれた、当のアルヴァロ・ヴァスと出会いました。彼は以上のように私がマラッカから戻ってきたこと、天候が私たちをそこへ引き戻したことに驚きました。彼はマラッカへ向かう船にいましたので、私に対して、一緒に戻ろうと言いました。そのようなことをロレンソ・ボテロという人からも勧められました。〔これらの〕身分ある人々は、マラッカへ戻ればそこでやがてパードレ・マエストロ・フランシスコにお会いでき、そこからインドのゴアにある聖パブロ〔学院〕へ行って信仰を学べるであろうし、さらに、誰かパードレが私と一緒に日本へ渡るであろうと思う、と言いました。私は彼らの言うことが正しいと思い、喜んでこの航海を行うことにしました。

ザビエルとの出会い

マラッカに到着し、私を最初に連れてきたジョルジェ・アルヴァレスと出会うと、彼は私をただちにパードレ・マエストロ・フランシスコのところへ伴いました。彼はすでにその地に滞在していました。私たちは「我らの聖母教会」で結婚式をとり行っている、彼を見つけました。彼〔アルヴァレス〕は、私をパードレに委ね、私について詳しく説明しました。パードレ・マエストロ・フランシスコはたいそう喜んで会い、私を抱擁しました。この事はまさしく神によって準備されたものと思われます。そしてこの事を私は霊魂の中でますます強く感じています。私は彼とお会いして大いに慰められ、満足しました。その頃にはもう、私はポルトガル語が多少分かり、いくつかの言葉を話していました。

ゴア聖パウロ学院留学

そのときパードレは私に、当ゴア市に向かおうとしていた上述のジョルジェ・アルヴァレスと一緒に、この聖パブロ学院に来るように命じました。パードレは別の経路をとり、コモリン岬のキリスト教徒を訪問し、そこから当コレジオへ戻ることにしました。しかし、私が一五四八年三月初めに当コレジオへ入るのとそれほど遅れることもなく、四、五日後にパードレ・マエストロ・フランシスコが到着しました。彼は私にとって大きな慰めでした。というのは、私は彼にはじめてお会いしたとき、非常に感化され、決して彼から離れず、彼に仕えたいと思ったからです。

私は当コレジオに滞在し、信仰を学び、教えを受けてから、本年五月の聖霊降臨日に大聖堂で司教から洗礼の水を授かりました。また同日、私が日本から伴い、同じく当地に滞在している私の一召使もそのように〔洗礼を授かりました。〕

〔第三部〕

私は万物の創造者である神と私たちを贖うために十字架につけられたイエス・キリストにおいて、私が神の栄光とその信仰の増大のためになりますことを希望しています。私は、私たちの主から戴いた多大な、特別の恵みによって、この信仰が真理であることを知りましたし、さらにこの信仰から数々の霊感を受けています。そして私の魂にもたらされた平安と平穏とがそのよい証拠であります。私に与えられた多大な恵みと才能と記憶力と意志を忘れることがないように、ご慈悲によってお祈りいたします。〔これらの賜物とは〕当学院のパードレたちが述べているところによれば、主〔なる神〕のこと〔ことば〕をたやすく私の心のうちに刻みうること、短期間のうちにとてもよく読み書きができるようになったこと、さらに聖マテオ福音書のような、とても高尚な教えを受け入れ、記憶できることであります。私は同福音書を記憶しやすいように、要点を私の日本の文字で書きました。尊師方は、〔その〕文字をご覧になることでしょう。私たちの主の愛によって、主から私に与えられたものを私が空しく受けることなく、それが主の賛美と栄光のためになりますように、あなたがたのお祈りのうちに私をお憶え下さい。

そしてまたこのことがよい結果をもたらし、私たちの主が、今まもなく日本へ行こうと準備されているパードレ・マエストロ・フランシスコを援助し、さらに私には主の愛のために必要であれば一〇〇回も命を捧げることのできる力をお与え下さい。私は少なくともパードレ・イグナティオおよびその他のイエズス会のパードレ・イルマンの方々から多くのお助けを戴き、私のことを絶えず神にお祈りして戴かなければなりません。というのは、私は主において、日本で多くの成果が生まれ、私たちの時代にかの地に建てられるイエズス会のコレジオが見られるものと期待しているからです。それは、主が賛美され、さらに〔日本で〕信仰が普及するためであります。イエス・キリストによって、アーメン。一五四八年十一月二十九日

僕、日本人、パウロ・デ・サンタ・フェ

過去の翻訳の問題点

本書翰は過去七〇年間にわが国で四回翻訳され、キリシタン史の開幕を飾る書翰として、また日本人がポルトガル語でアルファベットを用いて記した最初の書翰として知られてきた。私も作者がアンジローで、使用言語がポルトガル語であると信じて疑わなかったが、アンジローの生涯を調べる必要上、念のため現存する本書翰のマイクロ・フィルムを南欧三ヵ国から取り寄せた。その結果、原本が現存しないことから、原本とほぼ同時期に作成された四写本が手元に集まった。これらの写本を比較対照すると、いろいろなことが分かってきた。意外なことに四本ともポルトガル語ではなく、すべてスペイン語で書かれていた。原本がポルトガル語であるとしたら、

本国ポルトガルに残す二本までがスペイン語であることは不自然である、と直感した。さらに事実として、アンジローがスペイン語を学んだ形跡はまったくないことから、今まで言われてきたように本書翰の作者がはたしてアンジローなのか、という疑問が生じてきた。そこで私は四写本中、書体から判断して、最も古いと思われるポルトガルのアジュダ図書館蔵写本（ジェズイタス・ナ・アジア部四九―Ⅳ―49、六二葉裏～六三葉裏）をテキストとして翻訳していく過程でさまざまなことに気づいた。

書翰の構成と内容分析

説明の関係上、まず本書翰の構成を述べておこう。本文は上述の書翰中に示したように三部から成り立っている。第一部はイエス・キリストへの信仰によって得られた救いに対するアンジローの感謝、第二部は日本脱出から二度のマラッカ行きを経て、ザビエルと出会い、ゴアで受洗するまでの体験、第三部は神の恵みに対するアンジローの感謝とザビエルの日本布教への協力表明と支援の要請である。

これらの各部分を詳細に検討していくと次のような新たな事実が分かってきた。

第一部は書翰の導入部分であるが、そのほとんどすべてが聖書の語句からなっている（その出典はすでに先学によって明らかにされている）。このことから作者は常日ごろから聖書に慣れ親しみ、自然に聖句が口をついて出るような教養の持ち主であること。

第一部から第三部までに使用されている語彙は豊富で多彩であり、文体は文中に分詞構文や接続法が自由に用いられ、ヨーロッパ人の発想にもとづく完全な文章体であること。

第二部はアンジローの体験であり、この内容はザビエル書翰（一五四八年一月二十日付コーチン発）に記されているアンジローにかんする記述と一致すること。

以上から、私は作者・作成過程・使用言語・史料的価値について次のように考える。

アンジロー書翰への新見解

作者は従来よりアンジローと考えられてきたが、現存する写本がすべてスペイン語であること、第一部の導入部分の聖句の引用、語彙の豊富さ、文体などから、アンジローではなく、聖パウロ学院において彼の指導者であったスペイン人のパードレ・コスメ・デ・トーレスと考えられる。

作成過程として、トーレスはアンジローがみずからの体験（第二部）をポルトガル語で下書きしたものにもとづき、第一部と第三部を加えて作成し、アンジローが最後にサインしたと考えられる。

使用言語はトーレスの母国語であるスペイン語であり、原本はスペイン語であったろう。

この原本から写本がただちに作成されたので現存する同時期の写本がすべてスペイン語であると考えられる。

史料的価値について、本書翰の実質上の作者はトーレスであるが、第二部はアンジローの体験にもとづいており、このことはザビエル書翰からも裏付けられるので、信憑性が高く、史料的価値が高いこと、第一部と第三部は直接アンジローが書いたものではないが、アンジローの立場に立って彼の高揚した気分を代弁したものと考えられること、などからともに史料として十分活用できる。

現在までわが国で本書翰がアンジローによってポルトガル語で書かれた、と信じられてきた理由は、①ザビエル書翰にアンジローは八ヵ月でポルトガル語の読み書きを学び、ロヨラ宛に詳しい内容の書翰を書いたと記されていること、②過去四回和訳されたが、そのテキストが一五九八年ポルトガルのエヴォラで出版された『イエズス会日本書翰集』（いわゆる「エヴォラ版」）であり、同書の表記がポルトガル語であり、当然アンジロー書翰もポルトガル語であったこと、などの理由から、今まで作者や使用言語にかんしてあえて詮索されなかったからであろう。

エヴォラ版の削除箇所

今回、エヴォラ版アンジロー書翰とアジュダ写本を比較対照していたとき、エヴォラ版に一ヵ所重大な削除箇所を見出した。この内容はザビエルとアンジローがマラッカで出会う前に、すでにポルトガル商人がアンジローにゴアの神学校である聖パウロ学院へ行くように勧めていることである。このことはザビエルによる日本開教のいきさつとポルトガル商人の役割を再検討するきっかけを与えてくれた。

次にこの「アンジロー書翰」をもとにアンジローの前半生を明らかにしてみたい。

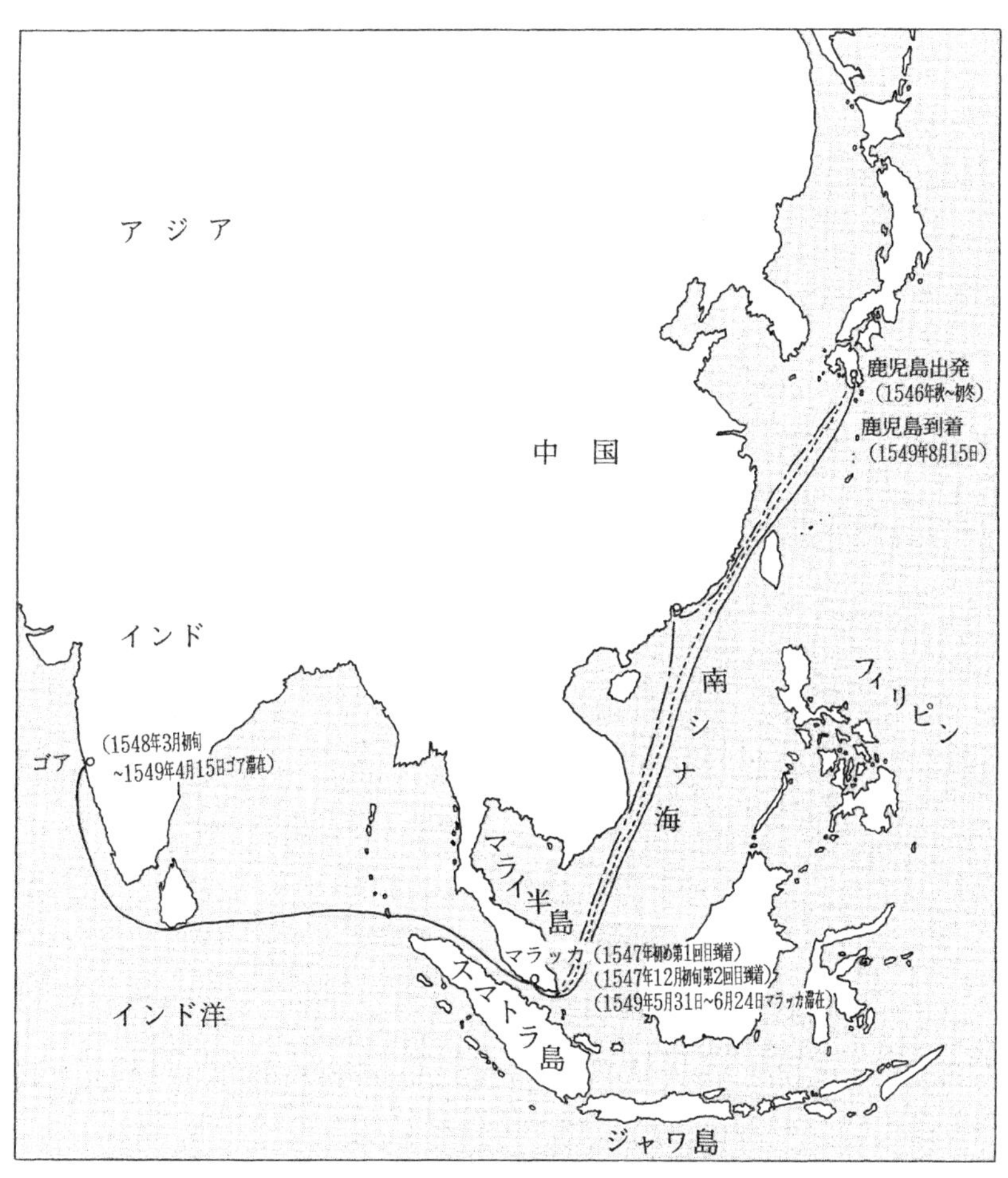

図３　アンジロー行程図（1546年秋・初冬～1549年８月15日）

マラッカ——ザビエルとの出会い

薩摩出奔

アンジローはいつのことか不明であるが、あることがもとで人を殺害した。この出来事がやがて彼の運命はもとより日本の歴史をも変えることになる。

日本脱出の理由

彼の薩摩出奔からマラッカにおけるザビエルとの邂逅(かいこう)までの経過は、同時代のポルトガル人が「不可思議にも」と記しているように、数々の偶然的な出来事の連続であった。アンジローの薩摩出奔の始まりは前章のアンジロー書翰によれば、ある理由によって人を殺し、役人の手から逃れようとして寺院に身を隠したことである。寺院にはヨーロッパの教会や修道院のように世俗権力の介入を拒む権利（アジール権）が存在した。このころ、

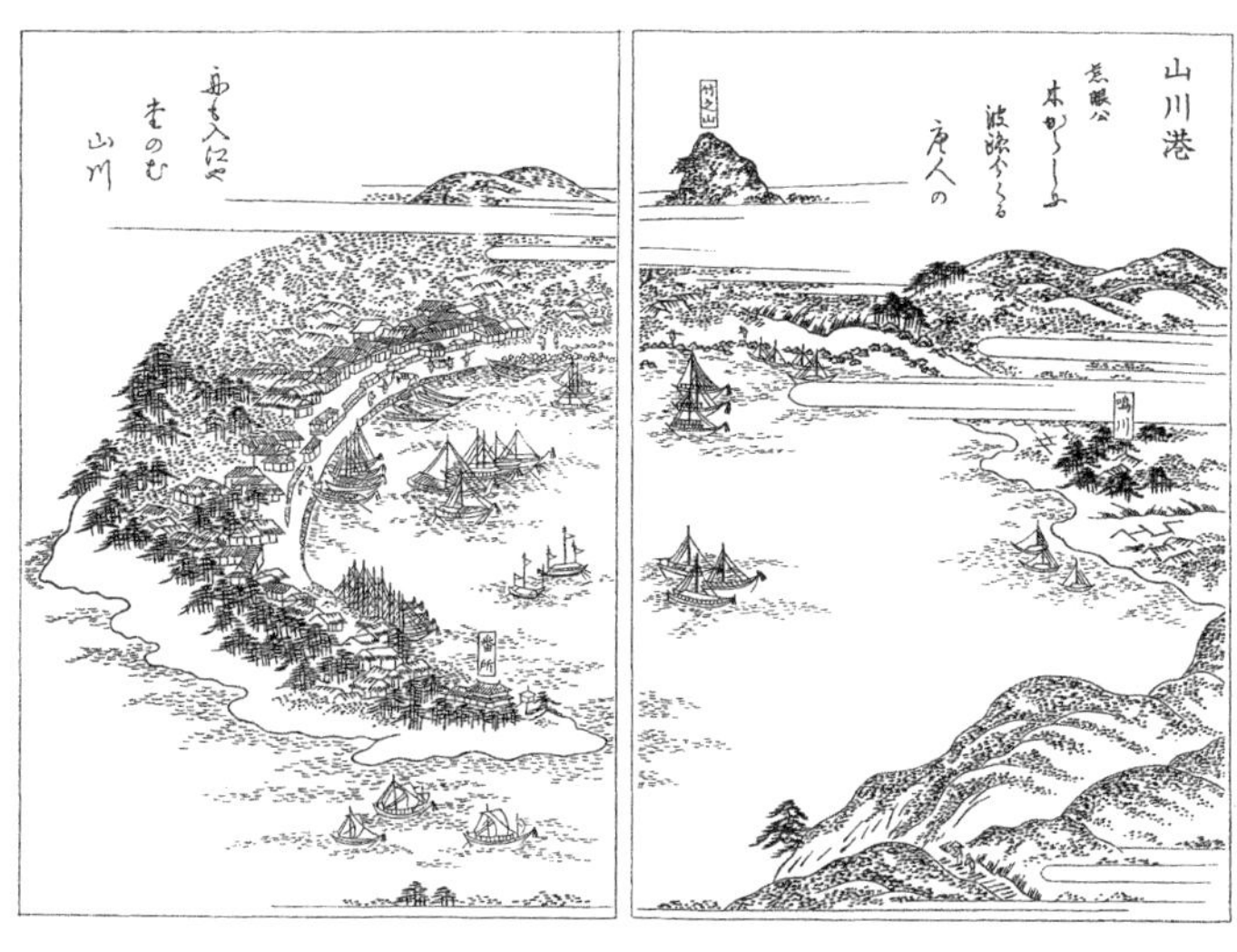

図4　山川港図（『三国名勝図絵』）

ポルトガル人の船が山川港に停泊しており、そこにはアンジローと旧知の商人アルヴァロ・ヴァスがいた。ヴァスはアンジローの差し迫った事情を知ってマラッカへの脱出を勧めたが、みずからはまだ出帆準備が整っていなかったので、別の船のドン・エルナンド（フェルナンド・メネゼス）宛に紹介状を書いてアンジローに与えた。アンジローは人目を避け夜間に寺院をひそかに出て、停泊中の船に行き紹介状を渡した。ところが、どこでどう間違ったのか行き着いた船は別人のポルトガル船であった。ということは同じころ薩摩半島の山川港付近には三隻のポルトガル船が停泊していたことになる。

アンジローが誤って乗り込んだ船の船長はジョルジェ・アルヴァレスであった。

命の恩人アルヴァレス

アルヴァレスはザビエルの信奉者で、彼のよき理解者であった。のちのことになるが、彼は一五五二年中国大陸入りをめざして沖合へやってきたザビエルに宿泊や食料などを提供し、何かと援助している。ザビエルはアルヴァレスを「非常に信用に値する人物」「大の友人」と記している。

アルヴァレスは「ある大きな罪のために救いを求めてきた」アンジローを保護することになった。このへんの事情を「アンジロー書翰」は次のように記している。

ジョルジェ・アルヴァレスは私を伴い、大いにもてなしてくれました。そして彼は後に私の師となる、彼の大の友人であるパードレ・フランシスコ〔ザビエル〕に私を託したいと思っていました。アルヴァレスは同師の生涯と今までの行動を話してくれましたので、私は是非ともお会いしたいと思うようになりました。

殺人行為が日常茶飯事であった戦国時代とはいえ、万物の霊長である人間の生命を殺める行為は理由のいかんを問わず、それを行った者にも深い心の傷となって残ったに違いない。アンジローはいかなる理由によって人を殺めたか分からないが、殺人の罪に苦悩し、心の平安を求めていた。それゆえ、アルヴァレスが語る「聖なる人」ザビエルの話に、藁にもすがる思いで耳を傾けたに違いない。このようなアンジローの切なる願いがアルヴァレスの心を動かしたことであろう。このころ、アジア各地に進出したポルトガル商人はフェルナン・メンデス・ピントの『東洋遍歴記』にも記されているように、現地人相手に利益を貪（むさぼ）る輩（やから）とイメージされることが多いが、アルヴァレスのようにザビエルら宣教師の活動に理解を示し、彼らを支援するポルトガル商人もいたのである。

アンジローの日本脱出の時期にかんして、メンデス・ピントはその時期を一五四七年一月十六日としている。岡本良知氏はその時期をアンジローの行動とモンスーン時期から逆算して、一五四六年秋または初冬と推定している（『十六世紀日欧交通史の研究』改訂増補版、一九四二年）。

アルヴァレスの教化

アンジローは、アルヴァレスの好意で日本脱出に成功した。アンジローにとって大きな転機となったのはマラッカへの航海中である。アルヴァレスは、アンジローに「聖なる人」ザビエルの人となりとその生き方を話し、さらに彼の説いているキリスト教について手ほどきした。すなわちアンジロー書翰に「私はアルヴァレスから、キリスト教とはいかなるものか教えられたので、洗礼を受けようという気持ちになり、その願いはますます強くなりました」とある。このとき、多分、アンジローはアルヴァレスから「ドチリナ・キリシタン」（キリスト教要理）をもとにキリスト教の初歩を教えられ、洗礼を受ける気持ちになったのであろう。アルヴァレスのキリスト教準備教育は成功したのである。アンジローはアルヴァレスのお陰でキリスト教を知り、さらにまだ見ぬザビエルへの思いをますます募らせていった。アルヴァレスのような、ザビエルらの布教活動への協力は大いに評価されてしかるべきである。

第一次マラッカ滞在

アンジローを乗せたアルヴァレスの船は、一五四七年初めにマラッカへ到着したようである。ところが、あいにくザビエルはモルッカ諸島布教のため不在であった。そのうえ、幸か不幸か、マラッカ在住の教区司祭アフォンソ・マルチンスはアンジローの素性や境遇を尋ねたすえ、彼が妻帯者であり、洗礼後に日本へ帰ることを知ると、「異教徒の妻と生活するために戻るべきではない」と言って洗礼を断ってしまった。ここに記された洗礼拒否の理由が事実とすれば、同神父は教会法に暗かったとしか言いようがない。

ヴァスとの再会

アンジローはマラッカで頼みにしていたザビエルに会えず、さらに洗礼も拒まれ、失意のうちに帰国の途についた。彼は中国経由で日本へ向かったが、日本を目前にして暴風雨に遭い、昼夜分かたず四日間、暗黒に閉ざされ、九死に一生を得て、再度中国へ戻らざるをえなかった。ところが、中国の港で幸運にも日本脱出のさいにマラッカ行きを勧め、ドン・フェルナンド宛の紹介状を書いてくれたアルヴァロ・ヴァスと再会した。ヴァスはこの奇遇と、アンジローの変身ぶりに驚いたことであろう。アンジローの書翰に「キリスト教徒になって、信仰について学びたいという望みが私の心に依然として続いている」とあるように、ヴァスは日本脱出前のアンジローになかった新たなる強い望みを知ったからである。アンジローの意向を知ったヴァスや同僚のロウレンソ・ボテリョはマラッカへ再び戻るように勧めた。そのとき、「アンジロー書翰」によれば、彼らは次のように語った。

> マラッカへ戻ればそこでついにパードレ・マエストロ・フランシスコにお会いでき、そこからインドのゴアにある聖パブロ〔学院〕へ行って信仰を学べるであろうし、さらに誰かパードレが私〔アンジロー〕と一緒に日本へ渡るであろう、と思う。

つまり、(1)マラッカでは念願のザビエルに会えること、(2)インドのゴアの神学校聖パウロ学院でキリスト教を学べること、(3)宣教師が日本へ行くこと、などをアンジローに語った。従来、日本で翻訳のさいに利用されてきた「アンジロー書翰」（エヴォラ版『イエズス会日本書翰集』一五九八年）では、傍線部分は削除されており、日本では知られることがなかったが、日本開教とポルトガル商人の役割を考えるうえで、見逃すことができない部分である。すなわち、アンジローをゴアの聖パウロ学院に送り、信仰を学ばせるという考えは、(3)の日本開教の前提であったことはいうまでもない。なぜならば、この学院が現地人の布教要員を対象とした神学校であるからである。従来より、アンジローを同学院に派遣しようと企てたのは、マラッカで日本布教を決意したザビエルとされてきたが、ヴァスやボテリョはアンジローがザビエルと出会う前にすでにその考えを持っていたのである。このような日本開教に果たしたポルトガル商人の働きはこれまでまったく知られていなかったことである。

一五四七年十二月初旬、アンジローはヴァスの船で、マラッカへ戻った。アンジローの再度にわたるマラッカ行きの陰にはアルヴァロ・ヴァスやジョルジェ・アルヴァレス、それにロウレンソ・ボテリョなどポルトガル商人の物心両面にわたる支援とチームワークが存在したのである。

マラッカ

アンジローとザビエルはやがてマラッカで出会うことになる。二人の出会いの場所がなぜマラッカであったのか、その背景をポルトガルのアジア支配との関連で述べておこう。

マラッカの位置と重要性

マラッカはマライ半島とスマトラ島との間を通るマラッカ海峡の中央部に位置する。その東方にボルネオ海や南シナ海があって、インドシナ半島、フィリピン諸島、モルッカ諸島、そして中国、日本へと通じ、西方にはベンガル湾、アラビア半島へと通じている。季節風（モンスーン）はマラッカを境にして変わることから、マラッカは一方の海域から他方への風待ち港であった。毎年三月北東モンスーンで出航したインド船は五月ころの南西モンスーンで帰港し、ジャワ船は五月から九月に来航し、翌年の一月ころに戻り、中国船は十二月から一月に来航し、六月ころ戻った。このように一年中、マラッカは外国船の往来が絶えなかった（永積昭「東南アジアの植民地化」『岩波講座世界歴史』一六）。ポルトガル人トメ・ピレスは『東方諸国記』において「マラッカは〔世界に〕取り囲まれてその中央に位置し、千レグワも隔たった二ヵ国間の取り引きと商業とは両側からマラッカにやってこなければ成立しない。それは〔マラッカが〕重要な地点で非常な富を持っているからである」（生田滋ほか訳注『東方諸国記』一九六六年）と記し、東西交易におけるマラッカの重要性を指摘している。マラッカを訪れる外国商人の出身地はピレスによれば六〇あまりあり、マラッカで話される言語は八四であった、という。

マラッカ王国の成り立ち

マラッカ王国の成り立ちについて述べておこう。一五世紀の初め、スマトラのスリビジャヤ王国の王子パラメシュヴァラはジャワ島のマジャパヒト王国の攻撃を受けてシンガプラへ逃れ、同地のシャム人支配者を殺して五年間留まった。その後シャムの攻撃を受けてマラッカへ移り、ここに根拠地を据えた。マラッカ王国は明朝の朝貢国となり、その威光の下に勢力を拡大した。そして王国は明の対外政策の消極化にともない、シャムの外圧が増してきたので、国内の専制的政治体

図５　マラッカ海峡

図６　アルブケルケ銅像（リスボン・インペリオ広場）

制を強化し、かえってシャムを攻撃したり、スマトラ島への勢力拡大を図った。シャムとの戦いでイスラム教が大きな役割を果したので、一五世紀中ごろマラッカ国王はイスラム教に改宗した。イスラム教はマラッカ王国の勢力拡大とともにインドネシア各地に伝播（でんぱ）し、マラッカはイスラム教の改宗センターのような役割を果たした（生田滋「大航海時代の東アジア」『西欧文明と東アジア』一九七一年）。

ポルトガルのアジア支配

一四九八年ヴァスコ・ダ・ガマのインド・カリクート到着によってポルトガルのアジア支配が開始された。ポルトガルはインド洋海域の交易の実態をふまえ、海上交通の要所を抑えて、そこに要塞と商館を建設し、海上貿易を管理する方針をとった。第二代総督アフォンソ・デ・アルブケルケはその立役者であった。彼は一五〇六年アラビア半島の南のソコトラ島、一五〇七年ペルシャ湾頭のオルムス、一五一〇年インド中部のゴア、一五一一年マライ半島のマラッカを占領した。このようにしてポルトガルの支配下に入った地域を総称してエスタード・ダ・インディア（「アジア領」）という。その首都ははじめコーチンに置かれたが、一五二八年第四代総督ヌーノ・ダ・クーニャのときにゴアに移された。

アジア領の最高支配者は総督である。身分あるものはとくに副王と呼ばれたが、職務に差はなかった。各要塞には長官が任命された。長官は軍事上の最高責任者であり、またポルトガル船、外国船に対して海上免状(カルタ)を発行する権限を持ち、この免状を有しない船舶には攻撃し略奪することができた。各商館には商務員がおかれ、商品取引にかんする絶対的な権限を持っていた。要塞は城壁で囲まれており、その中に商館、食料庫、武器庫、税関、教会、病院、慈善院、要塞関係者の住居などがあった（生田滋「大航海時代の東アジア」）。

マラッカ占領

では、マラッカ王国とポルトガルとの関係について述べよう。マラッカ王国の重要性は、ヴァスコ・ダ・ガマから本国へ伝えられた。マヌエル国王は一五〇五年副王フランシスコ・アルメイダにマラッカ占領と要塞建設を命じたが、実行されなかった。ついで同国王はディオゴ・ロペス・デ・セケイラにマラッカ行きを命じた。一五〇九年セケイラはマラッカへ到着し、マラッカ国王から商館の開設を許可され、商館長としてルイ・デ・アラウジョを任じた。ところが、現地人の反撃に会い、セケイラは危うく脱出してインドへ戻った。このとき、アラウジョ以下二四名は捕虜として、監禁された。一五一一年第二代総督アフォンソ・デ・アルブケルケは、一六隻の船にポルトガル兵士八〇〇名、マラバール人二〇〇名を乗せてマラッカへ到着し、再度にわたる攻撃の末、マラッカを占領した。このときに、「ア・ファモザ」（ポルトガル語で、「有名な」）と呼ばれる要塞が建設された。マラッカはやがて中国、モルッカ諸島、日本と首都ゴアを結ぶ中継基地となり、軍事的・経済的・宗教的な重要性においてゴアに次ぐ、エスタード・ダ・インディア第二の都市となった。

現在のマラッカ遺跡

筆者はザビエルとアンジローとの出会いの場となったマラッカをみずからの眼で確かめるために、一九九六年八月同地を訪れた。マラッカへはマレーシアの首都クアラルンプールから約一三〇キロ、バスで三時間あまりかかる。マラッカ川の川口を挟んで一方に中国人街、片方に要塞がある。ポルトガル時代の要塞はサンティアゴ門が残っているのみである。古地図によれば、要塞はかつて海峡に突き出た岬の部分にあったが、現在は周囲が埋め立てられ、完全に陸地の一部となっている。要塞はポルトガルの後に支配したオランダ、イギリスによって取り壊されたが、唯一サンティアゴ門のみが残された。無骨な石造りの門とその前に置かれた大砲は今日では結婚生活を守るシンボルとして、結婚式を終えたカップルが記念写真を撮るスポットとなっている。この要塞の周囲は公園となっており、その一角に一個の石造の紋章がはめ込まれている。これは公園造成中に見つかったもので、説明によれば、オゥリッケの戦いの勝利者アフォンソ・エンリケスの紋章とある。アフォンソ・エンリケスとは一一三九年ポルトガル

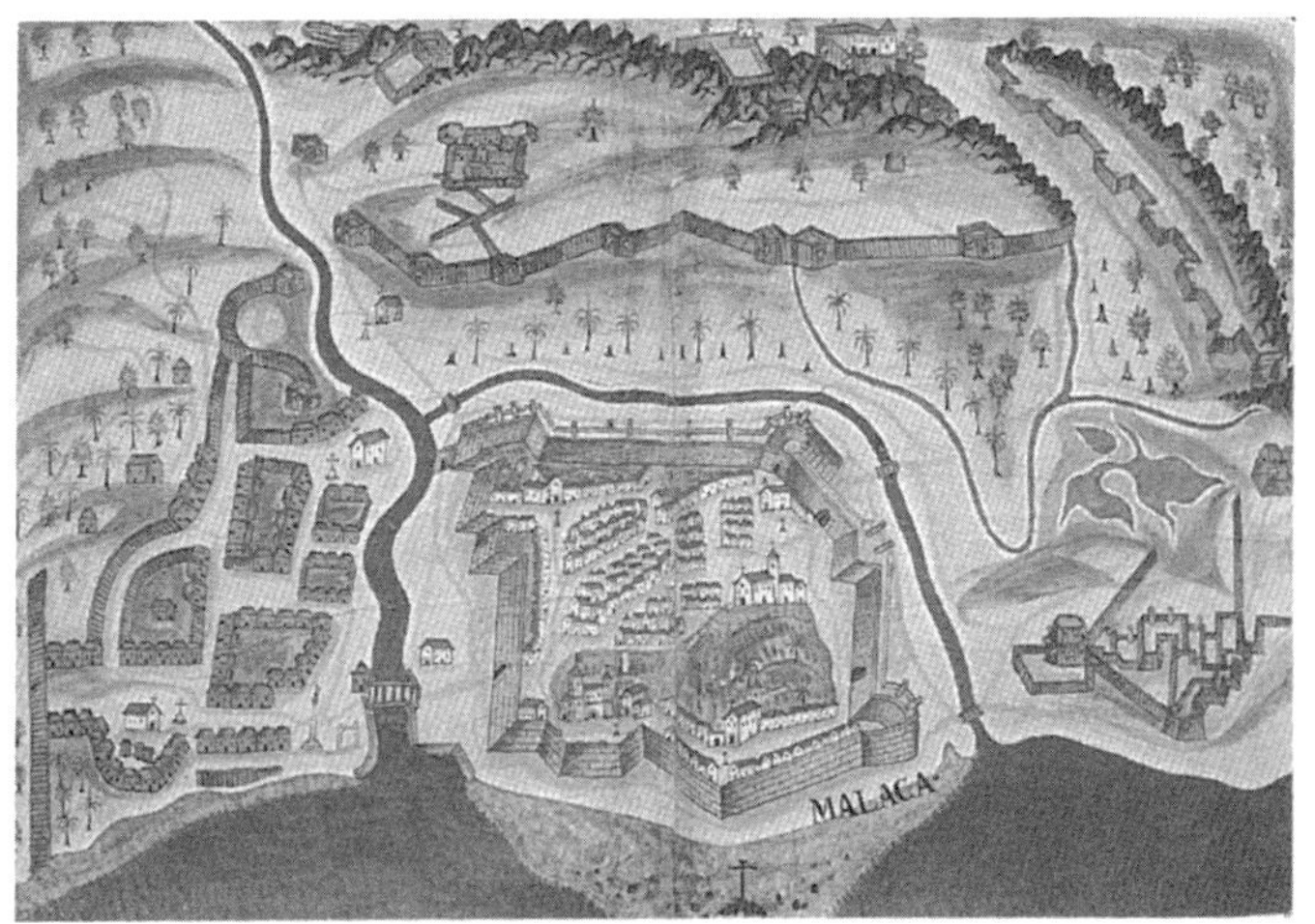

図7　マラッカ要塞（ボカロ『東インド城砦図録』より）

図8　サンティアゴ門（マラッカ）

図9　アフォンソ・エンリケス紋章（マラッカ）

国王を自称した人物であり、オゥリッケとはポルトガルのレコンキスタ（国土回復戦争）においてキリスト教徒がイスラム教徒にとどめをさした歴史的戦いである。この紋章から、ポルトガル人の意識ではアルブケルケのマラッカ攻略はイベリア半島におけるレコンキスタの延長線上にあったことが分かる。

ポルトガル人居住区

現在、マラッカに残るポルトガル時代の遺跡はわずかであるが、かつてのポルトガル支配の名残を思い起こさせるのが、ポルトガル人居住区である。現在、マレーシアには約二万人のポルトガル系マレー人がおり、三〇〇〇人以上がマラッカに住み、そのうち約一二〇〇名がここに住んでいるといわれている。その多くの人々は漁業に従事している。この居住区は一九三一年フランス人およびポルトガル人のカトリック司祭の提唱の下、英国植民地政府によって設立されたという。住人はポルトガル人と現地人女性との結婚によって生まれた混血児の末裔（まつえい）である。大航海時代、独身のポルトガル人男性がエスタード・ダ・インディアへ兵士として送り込まれた。その大部分は任期を終えても帰国せず、現地人女性と結婚して定住した。彼らおよびその子供たちはポルトガルの市民権を与えられ、ポルトガル国王に忠誠を誓い、エスタード・ダ・インディアを支える有力なメンバーとなった。彼らはカトリック信仰を保ち、ポルトガル語を話し、現地社会とは別のコミュニティーを形成していた。ところがマラッカがポルトガルの支配からオランダ、イギリスへ移ることによって、彼らは本国との関係を絶たれ、社会的地位も下がっていった。現在、彼らはマレー語、英語、そしてキリシタンとよばれる、マレー語とポルトガル語の混成語を話す。彼らの間ではカトリック信仰が保持され、クリスマス、イースター、漁師の守護聖人である聖ペテロの祝い日にはコミュニティーあげての祭りが行われている。この地区の道路には、マラッカ建設に功労のあった、アルブケルケ、アラウジョ、セケイラなどの名前がつけられている。マラッカ中心部の道路にマラッカ王国時代の国王やマレー語の名前がつけられているのとは対照的である。

私は居住区の中央広場を訪れたとき、マレー人と比べると少々彫の深いミゲル・ダ・シルヴァ（ポルトガルではポピュラーな姓と名である）という老人と会い、よもやま話をした。かつて漁師であった彼は仕事を長男に譲って引退し、二・三男はオーストラリアへ出稼ぎに行っている、と語った。私がマラッカ在住の某ポルトガル人司祭の消息を尋ねると、数年前に死亡したこと、彼の研究には同司祭の妹が献身的に協力していたことなどを語ってくれた。シルヴァ老人と私はポルトガル語で意思の疎通を図ることができた。ザビエルをはじめとする宣教師たちの布教活動の成果は四五〇年たった今日においても無に帰することなく、人々の間に生きていることを知った。大航海時代のポルトガルは彼らにとって決して遠い過去のことではないのである。

東方をめざすザビエル

これまで私はアンジローについて述べてきたので、ここでは彼の運命を変えることになったザビエルについて述べる。なお、ザビエル

ザビエルの呼び方

の呼び方であるが、キリシタン時代の文書に「しゃひゑる」と表記されており、当時は国際語であったポルトガル語でシャヴィエルと発音されていたことが分かる。スペイン語ではハビエルである。ザビエルは英語の〔エグ〕ゼビアーに由来し、今日の日本で通称となっているので、私もこれを用いている。

ザビエルの略歴

フランシスコ・ザビエルは一五〇六年ナバラ王国（現スペイン）のザビエル城で生まれた。父親はボローニャ大学出身の法学博士で、王国

の宰相を務めた。父、母ともにバスク人の名門貴族で、三男三女の子供があり、ザビエルはその末子である。ナバラ王国はイベリア半島の西北部、フランスとの国境に位置し、一一世紀サンチョ大王のときにはキリスト教国の雄としてイベリア半島に君臨したこともあった。ナバラ王国は伝統的に親フランス政策をとり、カスティリャ王国にとっては喉元(のどもと)に突きつけられた短剣のような存在で憂慮の種であった。一五一二年ザビエル六歳のとき、ナバラ王国はカスティリャ軍の進攻を受けて占領され、事実上、併合された。この結果、ザビエル一家は離散の憂き目にあい、国王の重臣であった父親と兄二人はフランスに亡命し、父親はまもなく死亡した。ザビエルと母親と姉たちはナバラに残留した。一五二一年ナバラ奪回を図ったザビエルの兄ら王国の旧臣たちはフランス軍の援助を得て、カスティリャ軍の守る首都パンプローナを攻撃して失敗した。この攻防戦でパンプローナ城を守るカスティリャ側にいたのが、のちにザビエルの師となるイグナティウス・デ・ロヨラであった。ロヨラはこの戦いで瀕死の傷を受けたが、奇跡的に助かり、これを機に、軍人から宗教家への道を歩むことになる。一五二五年、一九歳となったザビエルはフランスへ留学し、パリのサント・バルブ学院に入学した。将来は故郷で高位聖職者となることを望んでいたが、のちに同学院に入学してきたロヨラとの出会いは彼の運命を変えることになった。

図10　ザビエル城

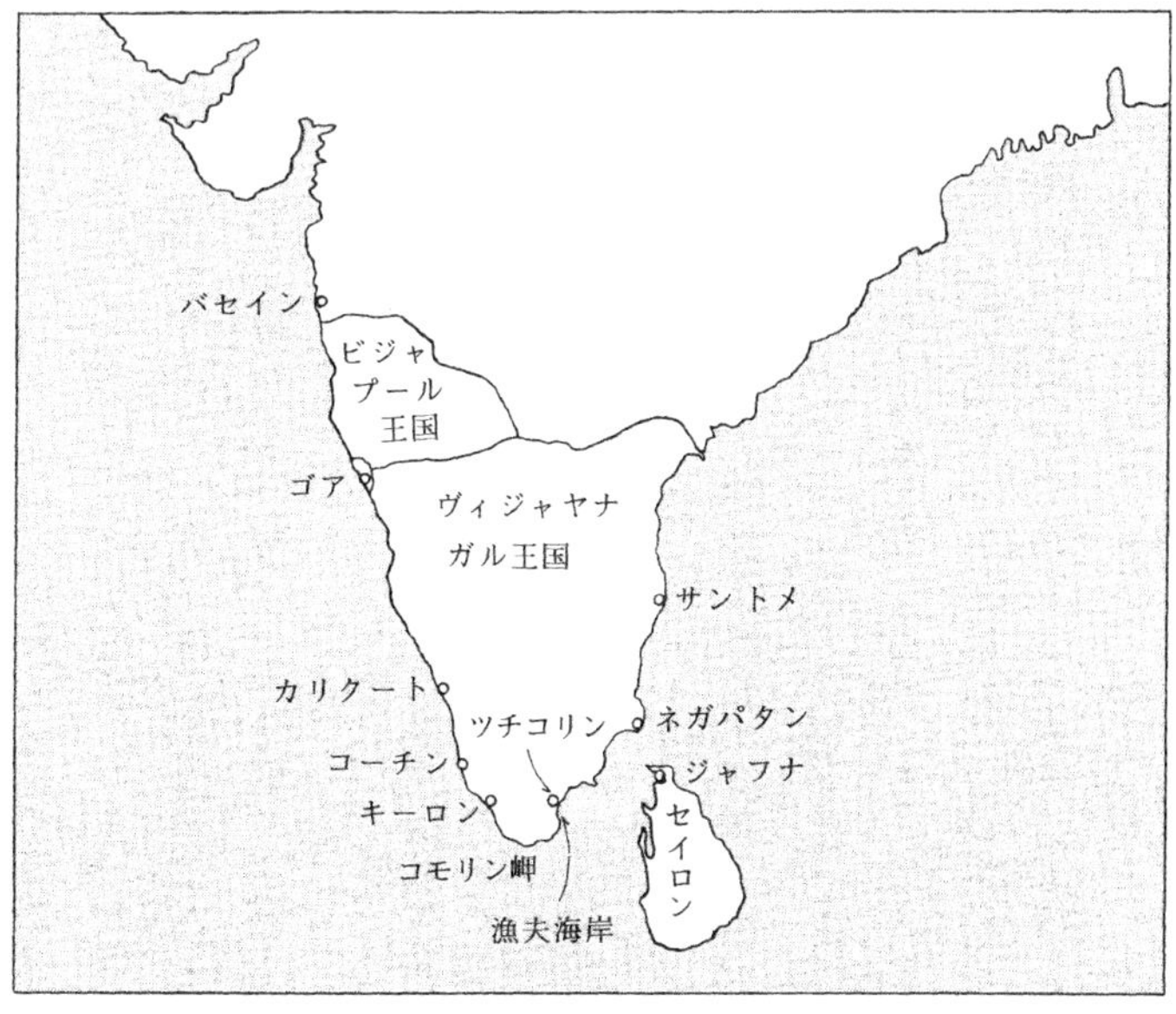

図11　1542年当時のインド
（シュールハンマー『フランシスコ・ザビエル伝』II-1より）

ロヨラはプロテスタント勢力の興隆を前にしてカトリック教会の刷新の必要性を感じて同志を募った。彼の熱心な勧誘と説得が功を奏して、ザビエルらが応じ、ロヨラを中心とした同志七名は一五三四年八月十五日パリ、モンマルトルの小礼拝堂で新修道会イエズス会を結成した。同会は「より大いなる神の栄光のために」をモットーにやがて学問と教育と海外布教に重点を置く、新しいタイプの修道会となった。

ヨーロッパにおいて、ザビエルがこの世に生を受け、カスティリャの進攻による王国崩壊と家族離散の中で少年期を過ごし、ついでパリで多感な学生時代を送っていた一六世紀前半、アジアでは大航海時代の

ポルトガルの勢力拡大と布教

魁（さきがけ）となったポルトガルが勢力範囲を拡大させていた。ポルトガルはエスタード・ダ・インディア（アジア領）の骨格をほぼ完成させ、さらにその地歩を固めようとしていた。そのために在地勢力間の争いに介入し、一方の勢力にテコ入れして、やがてその一方もみずからの支配下に組み入れ、その結果として住民のキリスト教化をはかった。その一例が一五三七年南インドの漁夫海岸における漁民の大改宗である。これはイスラム勢力の抑圧に耐えかねたヒンズー教徒がポルトガルに保護を求めたケースである。彼らは保護を受ける代わりにポルトガル国王に忠誠を誓い、その証として洗礼を受け、約二万人がキリスト教

に改宗した。この大改宗のニュースはポルトガルはもとよりヨーロッパ各地で大きな反響を呼び起こした。ポルトガル国王ジョアン三世は教会のパトロンとしてかねてからアジアにおける布教活動の活性化をはかろうとしていたので、この機会に新設のイエズス会に白羽の矢を立てた。その要請に応え、一番手として起用されたのがザビエルであった。

ザビエルとインド布教

一五四一年ザビエルは三五歳のとき、ローマ教皇使節の肩書きをもってインドに派遣され、翌四二年五月エスタード・ダ・インディアの首都ゴアに到着した。以後、彼はゴアを拠点としてインド半島、セイロン、モルッカ諸島など、とくに大改宗のあった南インドの漁夫海岸で精力的に活動した。しかし、布教活動に無理解なポルトガル官憲による妨害行為やインド人信者の質に対する疑問から彼はだんだんとインド布教の将来に悲観的になっていった。彼はインド人とその将来の見通しを次のように述べている。

当地出身のインド人たちは私が見た限り、一般に野蛮な人々である。イエズス会士たちはすでにキリスト教徒になった者にも、日々キリスト教徒になる者にも、とても苦労しています。……当地方における私の経験によれば、私の唯一の父〔ロヨラ〕よ、私たちのイエズス会を現地のインド人の手によって永続しようとする道は、彼らによる限り開けないものと確信します。

この書翰は一五四九年一月十二日付であり、来日三ヵ月前に書かれたものである。ザビエルの気持ちが日本に向いていたときという事情も考慮しなければならないとしても、基本的にはザビエルはインド人およびインド人信者の質に疑問をもち、インド人自身の手ではインドの教会を維持していけない、とインド布教の将来に否定的であったことが分かる。

東方をめざすザビエル

一五四五年ザビエルは南インドのネガパタン滞在中、東方のマカサルで一〇万人の改宗が見込めるという耳寄りな情報に接し、新天地を求めて東方に向かった。ところが途中のマラッカで得た情報では、予想していたような状態にないことを知り、急遽予定を変更しポルトガルのアジア支配地域の東端にあるモルッカ諸島へ向かうことにした。

同諸島は香料諸島ともいわれ、スペインとポルトガルが同諸島で産出する香料を求め、その領有をめぐって熾烈な争いをくりひろげたところである。ザビエルは同諸島に向かう途中、その住民の風俗・地勢、住民の状況にかんする情報を得た（一五四六年五月十日付アンボイナ発ヨーロッパのイエズス会士宛書翰・追伸）。その中の住民の風俗と言葉にかんする部分は次のとおりである。

図12　ザビエル彫像（ゴア、ボン・ジェズス教会）

〔住民の風習〕

これらの島々の住民はとても野蛮で、裏切り行為に満ちている。彼らは黒というよりは黄褐色をしており、極めて恩知らずな人々である。当地方のある島々では、戦闘を行い、その最中に殺された場合——その他の方法では不可であるが——相手に食べられてしまう。病気で人が死ぬと大宴会で食べるためにその手やかかとが提供される。この人々はとても野蛮である。ある島々ではある住民が他の人に対し（大宴会を開こうとするとき）もしその父親がとても年老いていると、食べるために父親を提供してくれるように頼む。そのさい、相手に対し、いつか宴会を開きたいとき、自分の父親が年をとっていたら提供する、と約束するのである。私は一ヵ月以内にそのある島に行こうとしている。

〔住民の言葉〕

これらの島々にはそれぞれの言葉があり、ある島ではほとんど各村ごとに異なった言葉がある。マラッカで話されているマレー語は当地方でとても一般的である。……すべてこれらの島々で大きな欠点は文字を使用しないことで、とてもわずかな人しか書けないことである。人々が書く言葉はマレー語であるが、アラビア文字であり、かってイスラム教徒の聖職者(カシズ)が書き方を教えたもので、今日も教えている。彼らより教わる前は文字を書くことができなかったのである。

以上のモルッカ諸島の記述はヨーロッパ人による史上最初のものであり、ヨーロッパでは、一五九六年に印刷されるまで、写本の形で広く流布した。

食人の風習にかんして、事実か否かは定かではないが、そのような風聞は同諸島へ近づこうとする人々にプレッシャーとなったであろう。しかし、ザビエルは風聞をものともせず、モルッカ諸島へ向かった。

モルッカ諸島布教

ザビエルは一五四六年二月から一五四七年四月までモルッカ諸島を巡回して、布教活動を行った。その一年あまりの体験は一五四八年一月二十日付コーチン発ローマのイエズス会士宛書翰に記されている。ザビエルのモルッカ諸島での貴重な体験の一端に触れてみよう。

これらの島々は住民同士で多くの戦争があるので非常に危険である。住民は野蛮で文字を知らず、読み書きできない。憎む人に毒を飲ませて多くの人を殺す。この土地は険阻(けんそ)である。すべて山地であり、歩くのにとても苦労する。身体を養う食料に欠けている。……これらの島々にタバロスという人々がいる。彼らは異教徒で、できるかぎり人を殺すことを至上の幸福としている。話では、殺すものがいないと、しばしば自分の息子や妻を殺す、という。彼らは多くのキリスト教徒を殺している。これらのある島はほとんどいつも地面が揺れている。この島には山があり、常にその本体から炎と多量の灰を吹き上げている。土地の人によれば、地下の大きな炎が地下にある岩石の山を焼いている、ということであるが、本当のように思える。というのはしばしば巨大な樹木のような岩石を吹き出すことがあるからである。大風が吹くとき、風は山から噴出した多量の灰を〔風〕下へ撒き散らすので、畑で働いている男女は家へ戻ると目と鼻と口しか見えず、彼らは人間というよりは悪魔のようである。

以上のことは土地の人の話であり、私が実際に見たわけではない。私がその地にいたときには、そのように激しい風はなかった。また人から聞いたところによると、あのような風が吹くと、それにともなう多量の灰で多くの野豚は目が見えなくなり、死んでしまう。風が過ぎるとその死体が見つかる、という。さらに土地の人の話では、このような天気がたびたびあると海岸に魚の死体が見つかる。それは風に乗ってあの山から来る灰が原因となり、灰とまざった水を魚が飲み死んでしまうからである、という。

ザビエルのモルッカ諸島視察、布教旅行がいかにきびしいものであったか、その一端がよく分かる。食人の風聞のある部族、村・島ごとに異なる言語、文字の欠如、火山活動による地震と降灰、食料不足など、想像を絶するような現実が描写されている。彼の書翰は実際にその土地で住民と生活を共にしながら社会を研究する、今日の文化人類学者の現地レポートの感がする。

ザビエルは一五四七年一月テルナテ島、四月アンボイナ島などを経て七月初旬にマラッカに帰着した。そして八月モルッカ諸島へ向かう部下二名に対して、みずからの見聞と体験をもとに「同地でとるべき方法について詳細な情報を彼らに伝えました」と情報と布教方法を伝授し、二人をモルッカ諸島へと送り出したのである。

マラッカでの出会い

ザビエルはインド行きの船を待ってマラッカに約半年間滞在した。この間、八月下旬イスラム教徒のアチェ人の来襲があった。ザビエルは彼らの撃退に一役買い、勝利のために祈ったり、追撃の艦隊結成に協力するなど、マラッカ防衛のために積極的に働いた。紛争はポルトガル人の勝利で落着した。

アンジローとの世紀の出会い

一五四七年十二月初旬のある日（多分、七日）、ザビエルはアンジローと「丘の聖母教会」で出会った。同教会は上述のサンティアゴ門の裏手の丘に位置し、今日ではさきの門と並んで人気のある観光スポットである。現在、石造りの側壁といくつかの墓碑しか存在しない。もっともこの遺構は一

図13　丘の聖母教会（マラッカ）

五六六年に建築が開始されたので、ザビエル時代のものではない。教会はマラッカ要塞で最も高所にあり、しかも海際にあったので、白く塗られて、海峡を通過する船の灯台の役割を果たしていた。かつて祭壇が置かれていた場所の地下に空墓があり、現在金網で覆われている。ここに一五五二年十二月三日中国の上川島で亡くなったザビエルの遺体がゴアへ運ばれる途中、風待ちのために九ヵ月間埋葬されていた。この「丘の聖母教会」がザビエルとアンジローとの運命的な出会いの場所である。

十二月初旬アンジローはアルヴァロ・ヴァスの船で再びマラッカへ戻り、命の恩人であるアルヴァレスと再会することができた。アルヴァレスはアンジローが日本へ帰国したものと信じ、マラッカで再会するなどとは夢にも思っていなかったに違いない。したがってアンジローの出現はアルヴァレスにとっても大きな驚きであり、また喜びでもあったろう。アルヴァレスはアンジローから、マラッカを出航してから再び帰着するまでの種々の出来事を聞いて、一刻も早くザビエルに会わせたいとザビエルのもとへ急いだ。このときザビエルは「丘の聖母教会」で結婚式を司式中であったことからみて、アルヴァレスにはあらかじめザビエルに知らせる余裕がなかったようである。この突然の訪問がザビエルとアンジローとの最初の出会いとなった。

アンジローはこのときのことを回想して「パードレ・マエストロ・フランシスコはたいそう喜んで私と会って、抱擁しました。このことはまさしく神によって準備されたものと思われます。……私は彼とお会いして大いに慰められ、満足をしました。……私は彼にははじめてお会いしたとき、非常に感化され、決して彼から離れず、彼に仕えたいと思ったからです」（一五四八年十一月二十九日付ロヨラ宛アンジロー書翰）と記している。アンジローはこのときまでの数々の出来事――人違いによるアルヴァレスとの出会い、マラッカでの洗礼拒否、日本近海での暴風雨、ヴァスとの再会などなど――を思い起こし、このうちのどれか一つでも欠けたらこの出会いはなかったと思うとき、この世のものならぬ大きな力の導きを実感したのである。アルヴァレスから再会までの話を聞き、当のアンジローを紹介されたザビエルはヨーロッパ式にアンジローを両手で包んで温かく迎えた。アンジローは長い間懊悩していた殺人の罪を告白し、罪の許しを得て、心の重荷から解放され、まさに天にも昇る思いであったろう。このときアンジローは「決して彼から離れず、彼に仕えたい」と一大決心をしたのである。

ザビエルの喜び

アンジローとの出会いはザビエルにとっても大きな喜びであり、また一種の救いでもあったろう。のちに日本巡察師として来日するアレシャンドロ・ヴァリニャーノはザビエルの喜びを「パードレ〔ザビエル〕はいとも喜んで彼を迎え、彼がまるで天から自分の所へ来たかのようにうれしがった」（岩谷十二郎訳「東インドに於けるイエズス会の起原と進歩の歴史(二)」『キリシタン研究』二八）と記している。ザビエルは大いに期待していたモルッカ諸島が理想の布教地とはほど遠いことをみずからの眼で確認し、これを成果としてインドへ戻ろうとしていた。そろそろインド行きの船の準備が始まろうとしてきたとき、アンジローが天から降って湧いたように出現したのである。しかもアンジローはポルトガル語を話し、みずからすすんでザビエルと彼の教えを求めて、幾多の困難を乗り越えてやってきた。ザビエルは今までアジアに五年あまり滞在したが、このように自発的に自分を求めてくる人間にはじめて出会ったのである。常に理想の布教地を求め続けてきたザビエルにとってアンジローは大きな希望の光となった。キリスト教の日本伝来はザビエルとアンジローとの感動的な出会いから始まったのである。

ザビエルとアンジローとの対話

ザビエルと過ごした一週間

ザビエルは十二月七日ころアンジローと会い、一五日ころインドへ出発したので、マラッカでは一週間ほど共に過ごすことができた。アンジローがかなりポルトガル語を話せたことはまさに「地獄で仏」、ザビエルには本当にありがたいことであった。これまで行く先々で異なる言語に悩まされ続けてきたので、通訳なしで直接に現地の出身者と意志の疎通ができることなど信じがたいことであった。ザビエルがアンジローと出会ってから急速に日本人や日本社会に関心を寄せていく大きな要因として、アンジローのポルトガル語をあげることができる。

ザビエルはインド帰還を控え、短期間のうちにアンジローから必要な情報を得、日本布教の可能性を判断し、日本行きの有無を決断しなければならなかった。ザビエルはアンジローを通して未知の日本人を知ろうとしたのであり、彼との対話には真剣勝負のような緊張感が漲（みなぎ）っている。

二人の対話はザビエルがインドへ戻ってから記した一五四八年一月二十日付コーチン発ローマのイエズス会士宛書翰に詳しい。ザビエルが捉えたアンジローの印象は次のとおりである。

　もしすべての日本人がアンジローのように知的好奇心が強いのであれば、〔日本人は〕今までに発見された土地の中で最も好奇心の強い国民であると私は思います。このアンジローは教理問答にやってきて信仰箇条を書き記しました。また彼は教会をしばしば訪れてお祈りし、私にたくさんの質問をしました。彼はとても知識欲に富んでおります。このことは人が大いに進歩し、わずかな期間で真の知識にいたるしるしであります。

ザビエルに罪の告白をして心の平安を得たアンジローは生きる力を与えられ、学習意欲を燃やした。彼はザビエルの教理説明を一言一句も聞き漏らすまいと耳を傾け、分からないことには質問した。このような彼の積極性と知的好奇心はザビエルに強いインパクトを与え、彼の日本人観の基となった。

日本布教の可能性

アンジローの人となりを知ったザビエルはアンジローに対し、最大の関心事である日本布教について次のように質問した。

私はアンジローに、もし私が彼と一緒に彼の土地へ行ったとしたら、日本人はキリスト教徒になるであろうかと質問しました。

彼は、彼の土地の人々はすぐにはキリスト教徒にならないであろう、と答えました。そしてさらに次のように言いました。〔人々は〕最初に私に多くの質問をして、私の答えの内容、私の理解力、そしてとくに私が話しているとおりに行動しているかどうか、検討するでしょう。そしてもし私が次の二つのことを実行していたとしたら、つまり、彼らの質問について十分に話し、彼らを満足させるように答え、また私が非難されるようなことなく生活していたとしたら、半年間ほど私を試した後で、国王や身分ある人々、ほかにも思慮ある人々がキリスト教徒になるであろう、と。そして、彼らは理性によってのみ導かれる人々である、と言いました。

ザビエルの質問を正面から受け止め、新しい教えに対して予想される日本人の反応の仕方を理路整然と答えるアンジローにザビエルはますます打たれた。ザビエルの「日本人＝

理性的国民」観の基はアンジローの態度と言動にあったといっても過言ではない。

日本人の国民性

ザビエルはアンジローの知的好奇心と理性的な態度を知り、これが彼固有のものか、あるいは日本人一般のものか、確かめる必要があった。ザビエルは日本帰りで、信頼の置ける、何人かのポルトガル商人に質問したところ、彼らは異口同音に「日本人はインドの異教徒には見られないほど旺盛な知識がある」とか「日本人は理性豊かである」と答えた。ザビエルはこれらの証言を得て、みずからの「日本人＝理性的国民」観に自信を深めるとともに、日本布教への期待を高めていった。彼はその胸のうちを次のように記している。

私は心のうちで、私かあるいはイエズス会の誰かが二年以内に日本へ行くようになると思っています。とはいえ、その航海には多くの危険や暴風雨があり、海上では盗みのために横行する盗賊があり、多くの船が難破しています。

この書翰は一五四八年一月二十日付であるから、アンジローと会ってから一ヵ月あまりのちのものであり、この時点でザビエルは日本へみずからが行くか、同僚を派遣するか、決めかねていたものの、日本布教は決意している。彼にとって暴風雨や海賊や難破などの危険はなんら妨げとはならなかったのである。

アンジローのゴア派遣計画

ザビエルは日本布教を決意するとただちにその具体化に着手した。その第一はアンジローを将来の布教要員とし、彼をゴアへ送り同地の神学校聖パウロ学院で教育することであった。アンジローは期せずしてヨーロッパ式教育機関へ留学する日本人第一号となった。そして彼には次のような課題が与えられた。

この期間〔ゴア滞在中〕にアンジローはポルトガル語がさらに分かるようになるでしょう。またインドを見たり、同地のポルトガル人たちに会い、私たちの生活様式を知るでしょう。この期間に、私は彼に教理を教え、『公教要理』のすべてと主なるイエス・キリストの降臨の物語を詳しく述べている「信仰箇条の説明」を日本語に翻訳するつもりです。というのはアンジローは日本の文字をとても上手に書けるからです。

アンジローの留学生活の第一歩はゴアのポルトガル人社会で彼らの生活ぶりを見聞、体験することである。ゴアはエスタード・ダ・インディア〔アジア領〕の首都で、「黄金のゴア」「東洋のローマ」とも形容される、政治・経済・宗教の中心地であった。このような環境の中で、キリスト教国の盛大さと繁栄ぶり、ポルトガル人社会に占めるキリスト教の位置や役割をアンジローに実際に見て体験してもらいたい、というのがザビエルの意図であった。そのうえで、いくつかの具体的な課題が設定された。

(1) ポルトガル語の学習。アンジローはザビエルと初めて会ったとき、すでに日常生活で困らない程度のポルトガル語は話せたが、日本で宣教師の通訳として働くためにはなおいっそう語学力を向上させる必要がある。

(2) キリスト教教理の学習。将来日本において布教活動を行うために、キリスト教教理を身につけておくことが必要である。

(3) 教理書の翻訳。『公教要理』「信仰箇条の説明」は布教活動の道具であり、日本上陸後すぐに必要となるからである。

これらの課題には専門的教養と才能と時間が必要である。今日でも大学卒業程度の教養は必要であろう。学問とまったく無縁の世界に生きてきたアンジローにとって、ザビエルから負わされた課題と期待はあまりにも大きすぎたといわざるをえない。

アルヴァレスの「日本情報」

ザビエルは日本行きの準備の一つとして、日本経験者で最も信頼のおけるアルヴァレスに「日本情報」の執筆を依頼した。そのいきさつは次のとおりである。

アルヴァレスの「日本情報」

私の友人の、あるポルトガル商人はアンジローの土地に長く滞在していました。私は彼に対し、その土地や住民、実際に見たこと、信用できると思われる人々から聞いたこと、などについて報告書を作成するように依頼すると、詳細な報告書を書いてくれました。この書翰に同封するものがそれです

この書翰は一五四八年一月二十日付コーチン発であることから、ザビエルはマラッカ出

発前にこの情報を入手していたことが分かる。とすると、ザビエルとアンジローがマラッカで出会ったのが、十二月七日ころであり、ザビエルがマラッカを出発したのが十二月十五日ころであることから、アルヴァレスは一週間足らずで「日本情報」を書き上げたことになる。

この「日本情報」の重要性は内外の研究者によってすでに指摘されてきたのであるが、わが国では真に信用できる写本（原本は存在しない）から紹介されたことはなかった。私は三〇年前の南欧留学中に各地の文書館、図書館を尋ねて、さまざまな写本を入手し、これらを比較検討の結果、ポルトガル、エルヴァス市立図書館蔵の写本を最良のものとみなして、これを全訳し、さらに関連する諸写本を写真複製して出版した（『西欧人の日本発見――ザビエル来日前日本情報の研究』一九八九年）。これは一六世紀中ごろの日本社会を外国人の眼で見た貴重な興味深い史料である。ここではその概略と特徴を述べ、日本人にかんするいくつかの記事を抜粋してみよう。

「日本情報」の内容と特徴

「日本情報」はまず地理、気候、天変地異、動・植物など自然地理分野から始まり、次に衣・食・住、社会生活、風俗、習慣など人文分野へと移り、そしてザビエルが最も知りたかった日本の宗教にかんして仏教と修験道の儀式や僧侶の生活などを扱っている。

アルヴァレスは商人という商業柄か、当時の宣教師によく見られるキリスト教を唯一の正しい宗教として、他の宗教を邪教と見なすドグマティックな見方や自分たちのヨーロッパ・キリスト教文化を至上のものとするエスノセントリズム（自文化中心主義）から免れている。彼は日本人であったら日常茶飯事のこととして見逃してしまうような事柄を、外国人特有の好奇心と新鮮で自由な眼でもって観察し、記録している。

アルヴァレスの日本人観

では、彼がザビエルに伝えた日本人像のいくつかを掲げてみよう。

人々は欲張りでなく、非常に親切である。もし、あなたが彼らの国へ行ったら、身分の最も高い人々は、家で食事をしたり、泊まっていくように招待するであろう。彼らはあなたを心の裡に引き入れたいと思っているように思われる。彼らはいったん質問しようと決めると、私たちの国のことやその他のことを非常に知りたがる人々である。……彼らは〔すでに与えたもてなしと〕同じようなもてなしを期待する人々である。それゆえ、私たちの船へ来る場合、あなたから飲食物の提供を受け、希望するものをすべて見せてもらい、手厚いもてなしを望むのである。

アルヴァレスは、みずからの体験をふまえて、日本人の、接待好きなこと、外国人および外国のものへの強い関心、などを指摘している。中華思想をもち、閉鎖的な中国人とはおよそ対照的であり、日本人の、外の異なるものへの関心の強さはアンジローが体現していた。日本人のこのような特性はキリスト教の布教にとって好都合に思われたのである。

日本人の礼儀作法

アルヴァレスは日本人の礼儀作法について述べている。

> 人々は領主を非常に尊ぶ。領主は非常に崇(あが)められている。彼には領国で厚遇されている、身分の最も高い人々の子息が仕えている。領主と物品を受け渡しするさいは、両手を床につけ、膝行(しっこう)して行われる。穏やかに話すことが非常に好まれており、私たちは大声で話すので粗野な者と見なされている。同じ身分の人々である場合、相手が着座するまで、手を床に付け、膝(ひざ)をついて迎える。これが彼らの挨拶である。領主が外出するときは、お供を連れていく。人々が道で領主に出会うと、すべての者は領主が通過するまで、履き物を手にうずくまっている〔土下座〕。これと同じことを身分の低いものは高いものに対して行う。もし身分ある人々が互いに道で出会うと、履き物を脱ぎ両手を股に挟み、身体をかがめてお辞儀をする。そして話し終えると腕を組んで立ち去る。彼らは家にいるときも食事中もいつも帯に刀をつけている。

アルヴァレスは身分制社会における定式化された礼儀作法をよく観察している。このような日本では、大声でしゃべるポルトガル人は礼儀知らずの、田舎者と見なされた。ポルトガル人をこのように見なす「非常に誇り高い」日本人にザビエルはますますひかれたのである。

日本人の信仰心

アルヴァレスは日本人の信仰心について次のように記している。

自分たちの偶像に非常に信心深い人々である。毎朝、すべての人々は数珠を手に起立し祈りを捧げる。祈り終えると数珠を指の間にはさんで三回こする。彼らは神 Deos に、健康とこの世の富と敵からの安全を祈る、ということである。以上のことを、それぞれの家で、家の偶像に行う。彼らは年を取ってから、なんらかの悲しみがもとで出家する人々である。とくに、妻とか子女とか最愛の者が死んだ場合、彼らは貞潔を誓い、妻がいれば妻と別れ、再び会わない。このことは非常に年を取ってからのことである。人々は偶像にも貧者にも非常に多くの喜捨を施す。

アルヴァレスは無病息災、商売繁盛、家内安全を日ごとに祈る一般庶民の信心、世の無常を感じて仏門に入る出家について述べている。宣教師ザビエルはこのような日本人に一刻も早く教えを伝えたいと思ったことであろう。

アルヴァレスは「日本情報」の最後に極めて重要な情報を次のように記している。

日本の言語

都(ミヤコ)から、私たちによって発見された土地にいたるまで、この国全土において、ただ一カ国語しか存在しない。

日本が一つの言語の国であると見抜いたのはアルヴァレスの炯眼(けいがん)である。ザビエルはアジアへ来てから、インドでもモルッカ諸島でも現地語の多さに悩まされ続けてきた。アルヴァレスのこの耳よりな情報はザビエルに対して日本布教への大きな希望の灯となり、日本行きを決意させた動機の一つとなったことであろう。

実証的・比較文化的な見方

アルヴァレスの「日本情報」はみずからの見聞か他人からの伝聞か逐一その旨を明示している。このような実証的態度は彼の情報の価値を高めている。さらに彼はこれらの情報をみずからのアフリカやアジアでの見聞や体験と結びつけて論じている。彼は来日する前に世界のさまざまな文化に触れていたので、比較文化的視点で、日本人の生活や文化に対して包容力のある態度で接することができた。彼の情報にはヨーロッパ人優越、アジア人蔑視の態度はまったく見られない。

言語にも生活にも不自由な日本において、長く見ても半年あまりの滞在期間中に、よく日本社会を観察しえたこと、しかも執筆をあらかじめ予定されていたわけでもなく、突然ザビエルに依頼されて、一週間ほどで書き上げたことからみて、アルヴァレスの日ごろの観察眼の鋭さと情報収集能力に驚かされる。

ザビエルの「大の友人」アルヴァレスの「日本情報」と日本行きの勧めはザビエルに日本布教への期待をいやがうえにも膨らませ、日本行きを決断させることになった。

マラッカ出発

出発時のいきさつ

アンジローとの出会いによって、日本布教に活路を見出したザビエルは当初アンジローと共にインドへ戻るつもりであった。ところがその考えはアンジローの意向で変更になったようだ。そのいきさつをザビエルは「私はこの日本人が私の乗ってきた船で来たらとても嬉しかったのですが。ところが彼はインドへ来ようとしていた他のポルトガル人（アルヴァレス）と知り合いでしたし、以前（彼らから）多くの名誉と友情を受けていましたので、彼は彼らと同行しないのは良くないと思ったからです」（一五四八年一月二十日コーチン発ローマのイエズス会士宛ザビエル書翰）と記している。ザビエルは自分とではなくアルヴァレスと同行を望むアンジローに意外な感じがしたのではないか。しかしアンジローの意志が命の恩人であるアルヴァレスへの感謝と友情にあったことを知り、義理堅いアンジローの希望を適(かな)えたのであろう。その結果は「アンジロー書翰」に「そのときパードレは私に、当ゴア市へ向かおうとしていた上述のジョルジェ・アルヴァレスとともに当聖パウロ学院へ来るように命じました」とあり、アンジローはアルヴァレスの船でインドへ向かうことになった。彼らは十二月二十五日にマラッカを立ちゴアに直行した。一方、ザビエルは途中でインド半島東岸の漁夫海岸を訪問する予定があったので、一〇日ほど早い十二月十五日ころマラッカを出発した。

ザビエルとエンリケスとの出会い

ザビエルはいったんコーチンに上陸し一五四八年二月漁夫海岸に赴いた。同地でもザビエルはマラッカにおけるアンジローとの出会いにまさるとも劣らない、もう一つの出会いを経験した。この出会いの結果はやがてイエズス会のインド布教さらにはその後のアジア布教全体に大きな影響を及ぼすことになる。

今回の出会いの相手はポルトガル人のイエズス会士エンリケ・エンリケスである。彼は新キリスト教徒（改宗ユダヤ人）の家系に生まれ、哲学と神学を学び、一度はフランシスコ会に入会したが、素性が分かって半年後に退会させられた。のちにコインブラ大学で教会法を学んで助祭になり、ザビエルの同僚であったシモン・ロドリゲスによってイエズス会への入会志願者と認められ、インドへ派遣され、一五四六年七月にゴアに到着した。エンリケスは、「聖なるパードレ」としてすでに令名の高かった、ザビエルに会えるものと期待していたが、彼はモルッカ諸島行きのために不在であった。エンリケスは一五四七年初めに漁夫海岸に派遣され、それから一年後、同地で念願のザビエルと出会い、深い感銘を受けた。

エンリケスとタミル語

ザビエルはかねがねヨーロッパ人宣教師による現地言語習得の必要性を痛感していたので、エンリケスに漁夫海岸で使われているタミル語を学ぶように勧めた。これを機にエンリケスはこれまで一年間あまり、難しさゆえに尻込みしていたタミル語学習に挑戦し、現地の人々から「人間業ではありえない」と言われるほど、わずか五ヵ月でマスターした。彼の一五四八年十月三十一日付ロヨラ宛書翰はヨーロッパ人がどのようにしてアジアの言語を学んだか、そのプロセスを具体的に記している貴重な史料である。この学習方法はのちに日本語にも利用され、ロドリゲスの『日本大・小文典』へとつながることになる。アジアの言語研究の先駆者としてのエンリケスの苦闘ぶりを見ることにしよう。

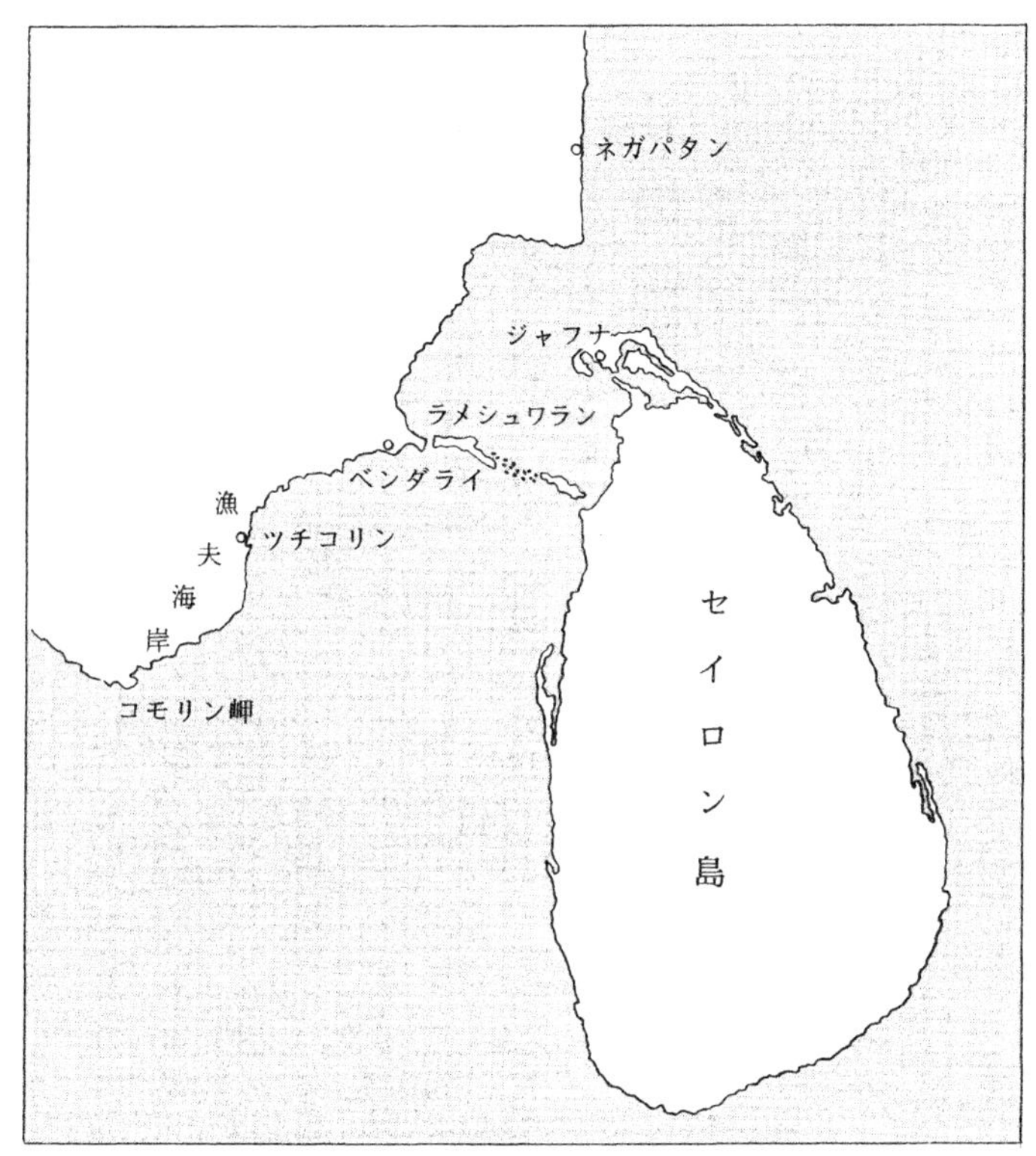

図14　1545年当時の漁夫海岸（シュールハンマー『フランシスコ・ザビエル伝』II-1より）

私はその言語〔タルミ語〕を学ぶために一種の方法 arte を使いました。つまり、私はラテン語で活用を学ぶのと同様に、この言葉を学ぼうとして動詞を活用させたのです。ところが過去形、未来形、不定形、接続法などを見つけるのにとても苦労しました。また対格、属格、与格や他の格を学んだり、動詞、名詞、代名詞などのうちどれを文頭に置くべきかも同様でした。私は短期間でこの言葉を学びましたので、私が当地の人々とこの言葉で話しますと、人々はこのように短期間にこの言葉が分かるようになったことを非常に驚いています。四年、五年、六年間でこの言葉を用いて多少のことを話せるポルトガル人は何人かいますが、彼らは現在形で言うべきことを未来形で言ったり、それぞれの区別が分かりません。したがって、この土地の人々は私が適切な法、時制、人称を用いてこの言葉を話すのを知って、非常に驚きます。

彼の学習の秘密はラテン語文法の利用による体系的な言語分析にあった。ラテン語はヨーロッパの教養人の共通言語であり、最も完備した文法体系をもっていた。エンリケスはラテン語文法の枠組みを利用して、タミル語を分析し、理解していった。タミル語をマスターしたエンリケスはザビエルの依頼により「タミル語文法」の執筆を開始し、ほぼ一年後には書き上げ、これをテキストに後続の宣教師にタミル語を教授した。

エンリケスはタミル語を習得したことによって、現地の人々とじかに対話できるようになり、人々の考えや感じ方を直接的に把握できるようになった。彼は積極的にバラモンたちやヨガ行者とも交流し、土地の宗教事情にも通じていった。その結果、布教活動において以前は宣教師が人々に一方的にお祈りを教え、教理を説明して、簡単な問答ののちに機械的に洗礼を授けていたのであるが、エンリケスは言葉による説得と本人の自発性を尊重し、伝来の信仰を本人の納得のうえで清算させ、その後に洗礼を施すように改めた。このようなエンリケスの布教方法と成果をザビエルは来日する四〜五ヵ月前の一五四八年九〜十一月にかけて実際に見ている。すなわち、一五四九年一月十二日付書翰において「〔エンリケスは〕マラバール語〔タミル語〕を話し、書くことができ、ほかの二人以上の成果を上げています。言葉ができるのでキリスト教徒から驚くほど愛され、彼らの言葉で説教や会話をするので、とても信頼されています」と高く評価している。外国人宣教師が現地の言語を習得し、その言語をもとに土地の社会、宗教を理解し、人々との間に互いに信頼関係をきずき、彼らとの対話を通して時間をかけて信者をつくっていくという新しい布教方法（現地文化適応方針）がエンリケスによって実施された。のちのことであるが、同地は一五七五年視察に訪れた巡察師アレシャンド

現地文化適応方針

ロ・ヴァリニャーノによって、インド布教中、最も成功し、最良の布教地であると評価されている。その最大の功労者がザビエルとの出会い以来同地の布教に携わったエンリケスであった。エンリケスの業績にはこのほかにもタミル語による著作や出版活動があり、なかでも日本のキリシタン版の先例として、タミル語活字によるキリスト教教理書の出版が特筆される。彼は「タミル語出版の父」と称されている。

インドでのエンリケスの新しい試みや経験はザビエルをはじめ来日する同僚・後輩たちに影響を与えたことは間違いない。

ゴア——聖パウロ学院留学

「東洋のローマ」ゴア

アンジローは一五四八年三月初めゴアに到着した。その四、五日後にはザビエルも着き、彼らは三ヵ月ぶりに再会し、翌年四月十五日まで一年あまりゴアに滞在することになる。

アジア植民地の首都ゴア

ゴアはインド半島西海岸のほぼ中央に位置する港町である。一六世紀アジア各地を訪れ『東方諸国記』を書いたトメ・ピレスによれば、「ゴアは上品で、果樹園と飲料水で有名であり、インディア全土で一番涼しい場所である。……それ〔ゴア〕は良港を持っているばかりでなく、そこで建造された艦隊の準備に適した場所であった。木材と職人が〔揃っている〕ためであり、また〔土地が〕大変豊かで、誇りに満ちた白人が多く集まっていたからであった」（生田滋ほか訳注『東方諸国記』一九六六年）とあり、ゴアがインドの中で気候・地形・資材・人材などの整った天然の良港であることを伝えている。一六世紀初頭、ゴアはビジャプール王国のイスラム教徒ユースフ・アーディル・ハンの支配下にあり、内陸部のヴィジャヤナガル王国への馬匹（ばひつ）の輸入港として繁栄していた。アルブケルケはゴアの政治的・経済的・軍事的重要性を知り、一五一〇年の二度にわたる攻撃の末に攻略した。のちにそれまでコーチンにあったエスタード・ダ・インディア〔アジア領〕の首都はゴアへ移された。

ゴアの概観は一五八〇年代ゴア大司教フォンセカの秘書を務めたオランダ人リンスホーテン著『東方案内記』に挿入されている地図によって知ることができる。これによると、ゴアの町はマンドヴィ川とズワリ川に挟まれた三角洲にあり、マンドヴィ川の川口から一〇粁内陸に遡った所に位置する。町はリスボンに似て、小高い丘に囲まれ、半径約一粁の半月形をしている。

ゴアはエスタード・ダ・インディアの首都であったので、副王・総督官邸、顧問会議、法務局、造幣局、税関などの国家機関が存在した。これらは町の入口である副王波止場の付近にあり、町の中央部へ通ずる「直線通り」の両側に位置していた。

教会関連施設

教会関連の施設は町中に散在し、ザビエルがゴアに来たころ、町の中央には司教座聖堂と聖フランシスコ教会、南にノッサ・セニョーラ・ダ・ルス教会、西の丘にロザリオ教会、東にサント・ドミンゴ教会、サンタ・ルジア教会、マードレ・デ・デウス教会、丘の上にノッサ・セニョーラ・デ・モンテ教会などがあり、これに修道院を加えると教会関連の施設は一四にのぼり、聖職者の数は一〇〇名以上を数えた。キリスト教徒は約一万三〇〇〇～一万四〇〇〇人で、ポルトガル人三～四千人、現地人信者約一万人であった。これに現地のカナリン人や外国商人、雨季になると上陸してくる約三〇〇〇人の兵士が加わって町の人口を構成した。ザビエルはゴアに来たときの印象を次のように記している。

私たちがインドのゴアへ到着してから四ヵ月以上経ちました。ここは町全体がキリスト教徒で、見ものです。多くのフランシスコ会士のいる修道院、とても名高く、多くの参事会司祭のいる司教座聖堂があり、そのほかにも多くの教会があります。このような遠隔の土地で、このように多くの異教徒たちの間で、キリストの御名がこれほど栄えているのを見て、私たちの神に対し、大いに感謝せざるをえません（一五四二年九月二十日付ゴア発ローマのイエズス会士宛書翰）。

ザビエルがリスボンを離れ、灼熱(しゃくねつ)のアフリカ沿岸を航海すること約一年、文明の果てと思われていた土地において、林立する教会や多くの信者に出会ったときの驚きと感嘆の気持ちがよく伝わってくる。今日ではこれらの教会の多くは廃墟となり、側壁や礎石しか

図15　ボン・ジェズス教会（ゴア）

図16　直線通りと副王門（ゴア）

残ってないが、それでもジャングルの緑の中に忽然と出現する、ヨーロッパ風の巨大な、石造の建造物に驚かされる。ヨーロッパの都市をまったく見たことのなかったアンジローたちにこれらの教会群はどれほどのインパクトを与えたことであろうか。

黄金のゴア

ゴア市内の日常生活とその繁栄ぶりはリンスホーテンが詳しく描いている。ゴアにはアラビア、アルメニア、ペルシャ、カンバヤ、ベルガーラ、ペグー、シャム、マラッカ、ジャヴァ、モルッカ、中国などアラビア海、インド洋、東シナ海を通ってあらゆる地方から商人がやってきて、あらゆる商品を取引した。ゴア市内の目抜き通りは「直線通り」と称したが、ここには日曜日と祭日を除いて、一年を通じて午前中のみ市が立ち、各地の物産・商品が競売された。商品にはアラビア馬、種々の香料、薬種、芳香樹脂とその原料、美しい絨毯、カンバヤ、シンデ、ベンガーラ、中国産などの数知れない珍しい品々があった。中にはさまざまな種族の、老若男女の奴隷も売りに出された。リンスホーテンは競売の模様、ポルトガル人の生活、「黄金のゴア」と称されたゴアの繁栄と退廃のさまをあますところなく書いている（岩生成一ほか訳注『東方案内記』一九六八年）。アンジローはゴアで一年あまり生活して、ポルトガル社会の光と影を目撃したことであろう。

聖パウロ学院——位置・起源・構造・運営

学院の位置

聖パウロ学院はゴアの教会施設の中で日本と最もかかわりが深い所である。アンジローが滞在し学んだというばかりでなく、ヨーロッパ人宣教師が来日するさい必ず立ち寄って、休養したり来日の準備を行う中継基地であったからである。

同学院はゴアの中心地からややはずれた南方に位置している。今日、その名残りはドーリア風の柱をもつ付属教会の正面壁、ザビエル記念小礼拝堂と二つの井戸のみである。これらのうち二つの井戸がザビエル時代のものである。第一の井戸はつるべ式で、今日でも近くの民家が飲料水用として使用している。第二の井戸は樹木に覆われており、よほど注意して見ないと分からない。これはラセン状に階段がつけられ、人が容器を持って降り、

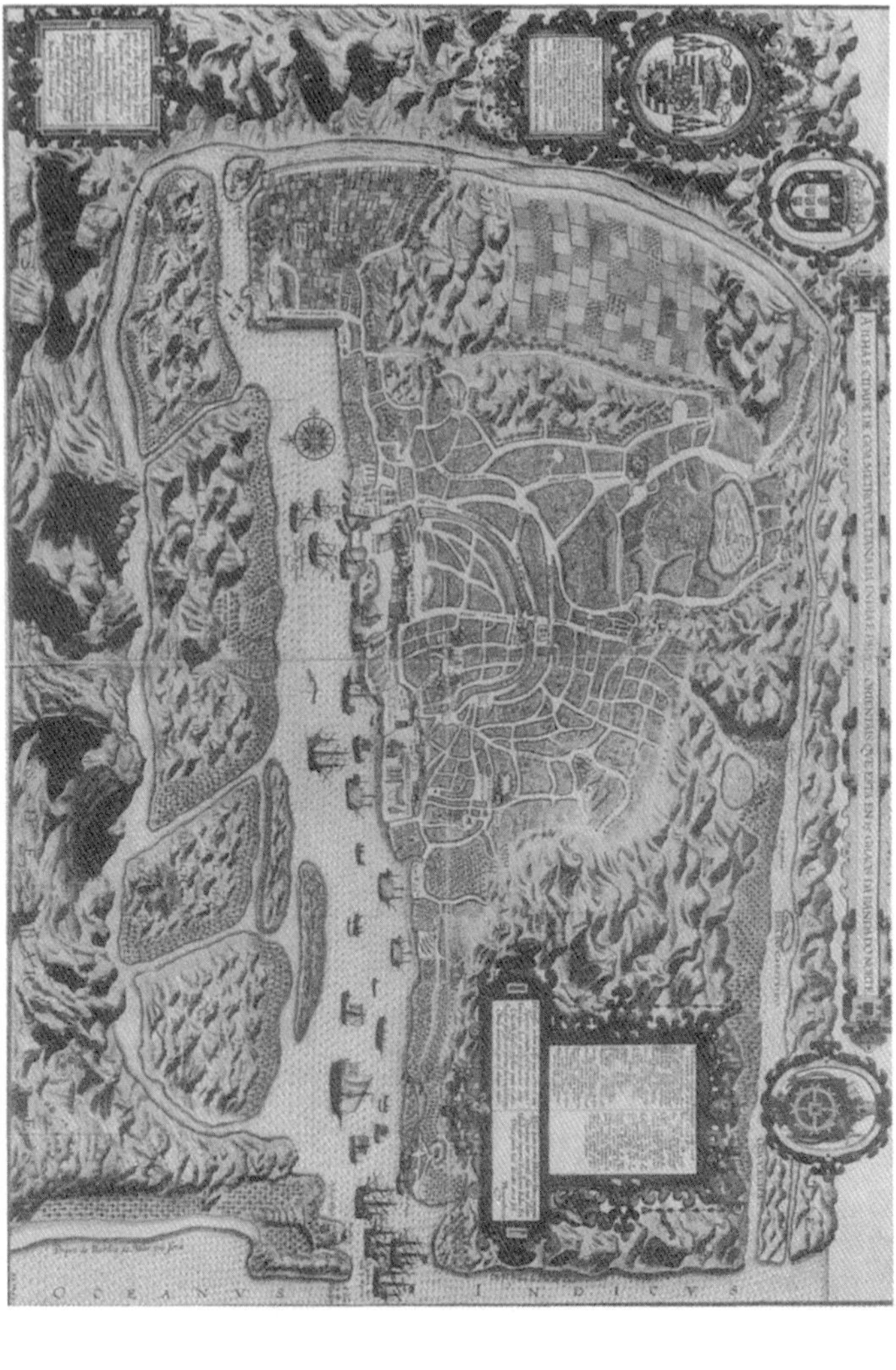

図17　リンスホーテン「ゴア全図」

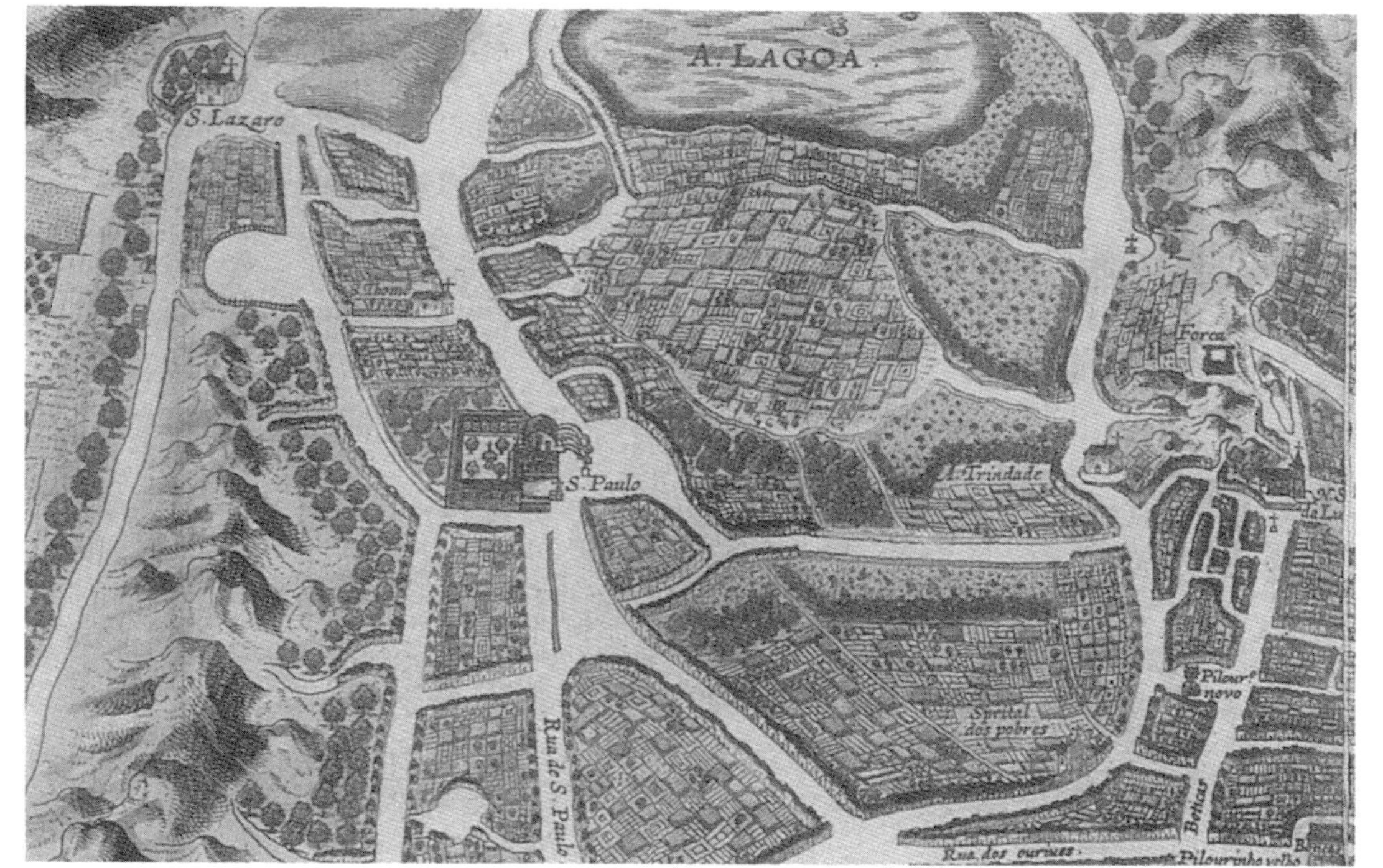

図18　聖パウロ学院（リンスホーテン「ゴア全図」より）

水を運び上げる方式のいわゆる「まいまい井戸」である。これらの井戸は昔日の聖パウロ学院を再現するうえで貴重な遺構である。シュールハンマー神父はリンスホーテンの地図をもとに同学院の復元図を作成しているのでこれをもとに紹介しよう（『フランシスコ・ザビエル——彼の生涯とその時代』二—二、一九七一年）。

学院の構造

学院は矩形をしており、まず一五四二〜四三年南西つまりカレイラ・ドス・カヴァロス通りに面して教会が建てられた（のちにこれは一五六〇〜七二年に新しい教会に建て替えられる）。一五四二年北西部分と北東部分に、二階建ての建物がつくられ、前者は聖職者用宿舎、後者は一階が食堂、二階が学生用宿舎であった。南東部分ははじめベランダのみの回廊であったが、一五六二〜六七年に建物が建てられ、図書室、洗面所、聖具室となり、その角には四階建ての鐘楼ができた。これで中庭は建物で囲まれ、学院は完成した。現存する二つの井戸であるが、第一の井戸（つるべ式）は中庭にあったもので一五四五年に掘られ、飲料水として用いられた。第二の井戸は一五四七〜四八年に掘られ、主として庭や草木の灌漑用であった。この井戸の近くに一五四五年聖ジェロニモ礼拝堂と聖アントン礼拝堂が建てられ、のちに一五六五年聖アゴスティニョ礼拝堂が加わった。この井戸の近くに屋根付きのベランダがあり、学生たちはそこで本を読

図19　聖パウロ学院礼拝堂正面壁（ゴア）

図20　聖パウロ学院井戸（ゴア）

んだり、日光を浴びたり、雨が降っているときには、ベンチに座り、レクリェーションの時間を過ごした。学院の南側には道路を隔てて、一五四六年に病院が建てられた。以上がアンジローが滞在していたころの同学院とその周辺の状況である。

学院の起原

次に聖パウロ学院の起原とその後の経緯について述べよう。同学院はゴア在住の在俗司祭ディオゴ・ボルバの発案に始まる。彼は気候も言語も風俗・習慣も異なるインドにおいてヨーロッパ人宣教師による布教活動に限界を感じていた。その打開策として現地出身の青少年を教育し、聖職者として養成するための教育機関の設置が有効であると考えた。彼はこの計画を司教総代理ミゲル・ヴァスをはじめとするゴアの有力者に伝え、彼らの賛同を得て一五四一年四月二十四日まず支援組織である信心会を結成した。その会の守護聖人は異邦人伝道で知られる使徒パウロであった。インド総督は学院建設を了承し、一五四一年十一月学院の敷地としてイスラム教寺院の跡地が与えられ、建設が開始された。一五四二年五月建設工事が進行しているさなか、ザビエルがゴアに到着した。ザビエル書翰に「基礎工事が終わり、壁ができて、今は屋根をふいています」（一五四二年九月二十日付ゴア発ロヨラ宛書翰）とある。すでにボルバは現地人の子弟六一名ほどを集め、読み書きや教理を教えていた。彼らの状況をザビエルは同じ書翰に「これ

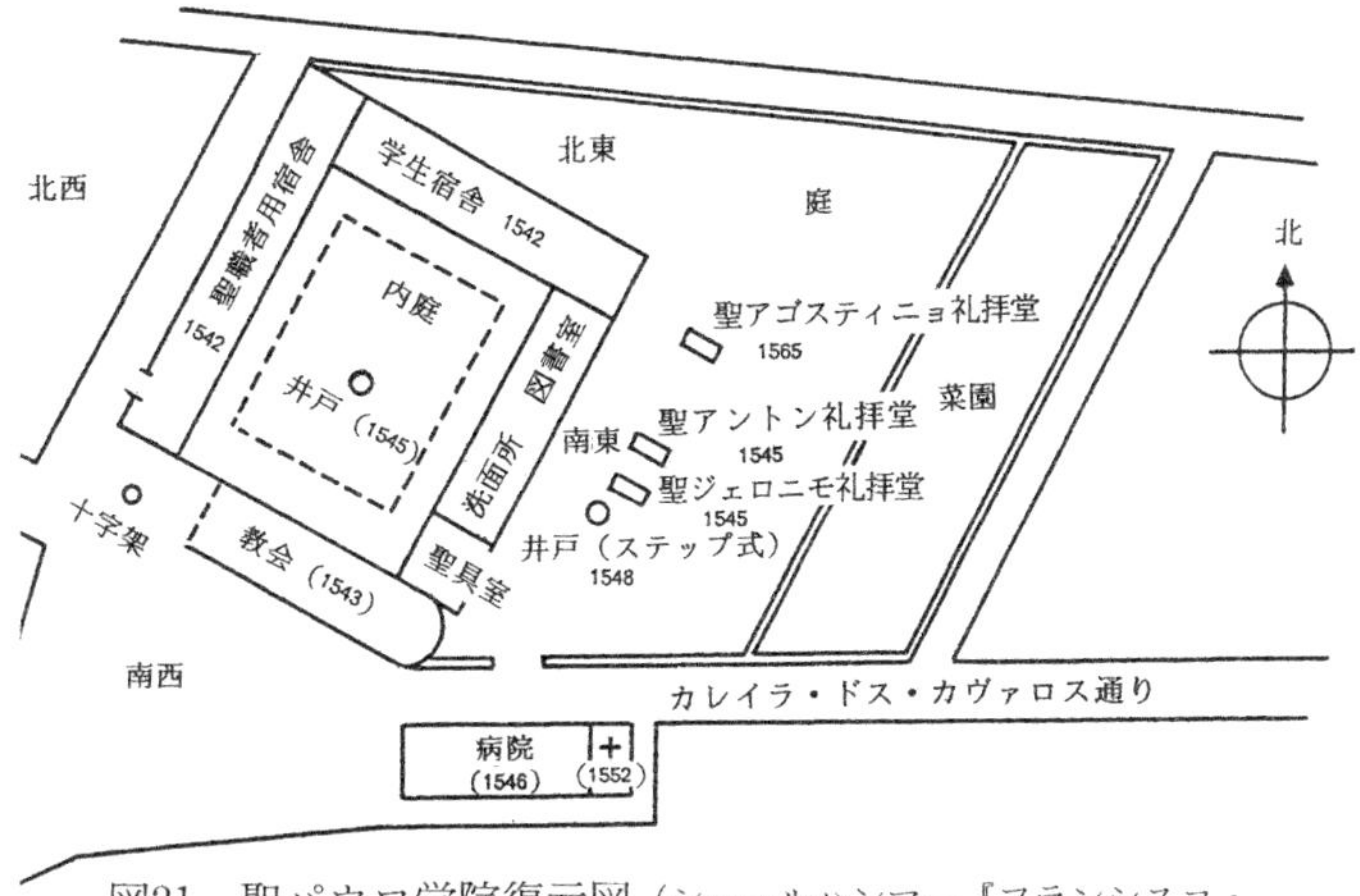

図21　聖パウロ学院復元図（シュールハンマー『フランシスコ・ザビエル伝』II-2より）

らの者たちはこの夏から学院で生活するでしょう。彼らの多く、ほぼ全員は聖務日課を読み、祈ることができ、多くの者は書くこともできます。彼らはもうラテン語を教わることができるほど進歩しています」と記している。司教総代理ヴァスはフランシスコ会に学院の管理・運営を委ねようとしたが適当な人材が得られず、また発案者のボルバも高齢で、病弱であったので、新来のザビエルに白羽の矢を立てた。彼の学識と人間性が見込まれたわけである。ザビエルも青少年教育が布教活動と並んで重要な仕事であり、キリスト教界の拡大に寄与すると判断して、これを受諾し、同僚のパードレ・ミセル・パウロを学院付きとした。同学院は一五五一年二月二十日正式にイエズス会に譲渡された。学院の名称は当初「サンタ・フェ」（聖なる信仰）と「聖パウロ」（または「改心の聖パウロ」）の二つあり、ザビエルは前者が相応しいと考えたが、一般的には後者の「聖パウロ」が通用するようになった。

ザビエルと学院とのかかわり

ザビエルはインドへ来た当初より同学院に大きな期待を寄せていた。すなわち一五四二年九月二十日付書翰で「私は六年もしないうちに、〔神学生は〕三〇〇人を越していると思います。彼らの中にはさまざまな言語や国籍、民族の人々がいます。私はこのカザ〔修院〕からほどなくして人々が卒業し、キリスト教徒の数を増加させるにちがいないと期待しています」と記している。

学院の規則と運営

聖パウロ学院の実質上の管理・運営がイエズス会に委ねられると、一五四六年六月二十七日付で二七ヵ条からなる学院規則が作成された。これによって草創期の学院の運営方針が明らかになり、アンジローの学院生活を推測することができる。次にその主たるところをヴィッキ編『イエズス会インド布教史料集㈠』（一九四八年）から紹介してみよう。

学院の人数は出身者別に上限が決められていた。ゴア一〇名、マラバール六名、カナレス、ツチコリン、マラッカ、モルッカ、中国、ベンガル、ペグー、シャム、グジェラート各六名、アビシニア（エチオピア）八名、ソファラ、モザンビーク、サン・ロレンソ各六〜八名、これらの地域以外から最大限六名とされた。入学者の年齢は、一三〜一五歳とされた。一三歳から上であれば、母国語を忘れることがないからである。彼らは将来それぞれの出身地に戻って母国語で説教するように予定されていた。彼らは学院生活においても母国語を忘れないように一日二回と夕食後、出身地別に集まり、レクリェーションの時間を過ごすように決められていた。

学生はラテン語を学ばねばならず、文法は必修であった。このほか、倫理、哲学、神学が講じられた。

学院内の服装は聖職に叙階された者は、黒または赤の木綿の布を身につけ、角のついた、または丸い黒色のビレッタ（帽子）をかぶり、一般学生は赤い木綿の布をまとった。礼拝では足のくるぶしまで届くキャソック（僧衣）をつけた。

食事にかんして、昼食は早く済ませることとし、朝食と夕食は定まった時間にとるように決められていた。内容はいつも米と魚とカレーであった。このメニューはそれぞれの故郷に戻ったときにもよいし、学院の経済的負担も少なくてすんだ。

学院内のレクリェーションや外出のさいはイエズス会の規則に従い、常に司祭の許可を受け、彼らの指導者やしかるべき人の監視下に行われた。

俗人は学院内には住めず、告解（こっかい）やそれに類する事柄に限って学院に入ることができた。殺人犯は学院に入ることが許されず、入ったとしても一〜二日しか滞在を許されなかった。

ポルトガル人子弟や混血児の入学は許されず、またこの学院で現地人の教育にあたっている教師がポルトガル人子弟や混血児に教えることは許されなかった。

学生が二五歳に達し、聖職に叙階され、さらに、彼らに布教の成果を期待できるだけの準備が整っていると判断されると、彼らはそれぞれの出身地へ派遣された。そのさい衣服や必要なものが準備され、総督や司教の推薦状が与えられた。

学院には一冊のノートが備えられ、そこにはすべての寄宿生のデータ、すなわち父母・出身地・入学年月日・年齢・将来の派遣地・身分などが記載された。

寄宿生の出身地

一五四六年六月における学院の寄宿生は五六名である。その内訳はカナリン人八名、マラバール人九名、カナラ人五名、ベンガル人二名、ペグー人二名、モルッカ出身のマレー人六名、マカサル人四名、マラトゥラ人四名、グジェラート人六名、中国人二名、アビシニア人四名、カフィル人四名であった。彼らの出身地はアフリカから中国まで、いわゆるエスタード・ダ・インディア〔アジア領〕全域をカバーしている。一五四六年の時点ですでに中国人二名が学んでいることは注目される。このうちの一人が一五五二年ザビエルの中国行きのさい同行し、彼の臨終を看取ったアントニオ・デ・サンタ・フェである。

一五四八年三月アンジロー、ジョアネ、アントニオの三人がゴアへ到着した。上記の学院規則に従えば、アンジローは人を殺めているし、妻帯者であることから神学校に住めなかったはずであるが、不問に付されたようであり、彼らはただちに、寄宿生として生活することになった。

聖パウロ学院の教授陣

教授スタッフ

アンジローが聖パウロ学院で学んでいたころのスタッフについて述べておこう。当時ゴアにいたパードレ・コスメ・デ・トーレスによれば「ゴアの町のサンタ・フェと呼ばれている学院にはイエズスの御名の聖なる会〔イエズス会〕のパードレは二人しかいませんでした」とあり、院長がパードレ・ニコラオ・ランチロットであり、舎監が同じくイタリア人のパードレ・ミセル・パウロ・デ・カメリーノである。このほか、トーレスが日本行きに備えてアンジローの特訓に加わっているので、これらの三人のプロフィールに触れておきたい。

学院長ランチロット

学院長はランチロットで、生年月日は不明である。一五四一～四二年にイエズス会に入会し、四二～四四年コインブラ大学に学んだ。彼はイエズス会が東洋へ派遣した第三陣三名のうちの一人で一五四五年九月ゴアに到着した。一五四六年聖パウロ学院第二代目学院長となり、一五四八年十二月まで在職し、ゴアに不在がちのインド布教長ザビエルの代理を務めた。その後キーロンへ移り、カザ（修院）やセミナリオを建設し、現地人およびポルトガル人子弟の教育にあたるとともに、インド半島南部地域の布教長を兼ね、一五五八年同地で死亡した。ランチロットは一五四八年三月～十二月までアンジローらと生活を共にし、彼らに教理教育を行った。ランチロットは厳格な性格で、他に対して手厳しいことで知られていたが、アンジローについては「非常に才知ある聡明な者」とか「非常に才能のある人で、私たちの誰からも羨ましがられるほど」と高く評価している。ランチロットはアンジローにインタビューして日本にかんする情報をまとめ、ザビエルに提供した。この情報についてはのちに述べる。

舎監ミセル・パウロ

学院の舎監はパードレ・ミセル・パウロ・デ・カメリーノである。カメリーノは出身地で姓ではない。生年月日は不明で、一五四〇年三月イエズス会に入会した。一五四二年ザビエルと共に、ゴアへ到着してから、同地で死亡するまで一八年間、聖パウロ学院の舎監として寄宿生を世話するかたわら、隣接する病院で患者の介護を行った。彼は純真・素朴・謙遜・忍耐の人であり、貧者や病人に対して慈母のように接したという。ザビエルはこのようなミセル・パウロの性格を見抜き、彼を他の布教地に派遣することなく布教者養成のためにゴアに留めたのである。アンジローらはミセル・パウロのように包容力のある舎監の下で学院生活を過せたことは幸いであった。

アンジローの教育係トーレス

これら二人が常勤であったが、さらにコスメ・デ・トーレスがアンジローの教育係として新たに加わった。トーレスは一五一〇年ころスペインのバレンシアで生まれた。三四年に司祭になり、マジョルカ、バレンシアなどでラテン語教師を務めたのち、メキシコへ渡り、ヌェバ・エスパーニャ〔メキシコ〕副王のチャプレンとして働いた。このころスペイン人は新大陸からアジアへ向かう太平洋航路の開拓をめざしており、何度か艦隊を派遣したがいずれも帰路の開拓に失敗し、すでにアジアに地歩を固めていたポルトガル人により領域侵犯の理由で逮捕され、本国へ送還されていた。一五四二年十二月ルイ・ロペス・デ・ビリャロボスを長とするスペイン艦隊が組織され、トーレスもその一員としてアジアへ向かった。しかし同艦隊も帰路に失敗し、一五四五年十一月ティドレ島でポルトガル人に投降した。トーレスらはポルトガルへ護送されていた四六年三月、アンボイナ島においてモルッカ布教中のザビエルと偶然出会った。この出会いがその後のトーレスの運命を決めることになった。この出会いをトーレスは「彼を一目見たとき、私自身のうちに私の心を貫く愛の矢を感じました。それ以来常に、彼との聖なる交わりから離れて生きることはできないと思ってきました」（一五五一年九月二十九日山口発書翰）と回想している。その後トーレスはゴアへ行き、同地に滞在中、一五四八年三月ザビエルと再会し、再び心に深い慰めを得て、イエズス会への入会を決意した。それからほどなくしてザビエルから日本布教計画が伝えられた。すなわち同上のトーレス書翰に「二〜三日後パードレ・メストレ・フランシスコは私に、最近発見されたジポンJipon（日本）という国へ行こうと決めているといわれたので、私は尊師が私に命じられるどのようなことにも応ずるつもりですと答えました」とあり、ザビエルの意向に即答したことが分かる。これで日本行きのメンバーの一人が決まり、彼が主としてアンジローの特訓にあたることになった。この点については次に述べる。トーレスは一五四九年ザビエルと共に来日し、ザビエルの日本退去後二代目日本布教長となり、ザビエルの遺志をよく守って、日本キリシタン教会の基礎を築いた。

アンジローの学習・洗礼

アンジローの学習課題

聖パウロ学院でアンジローが取り組むべき課題はすでに述べたように、ポルトガル語能力の向上、教理の学習、教理書の翻訳、日本情報の提供などである。ザビエルは日本行きの期日を翌四九年四月と設定していたので、ランチロットは一年あまりの期間内にこれらを解決し、アンジローらを即戦力として使えるように養成しなければならなかった。したがって一般の神学生のように一定のカリキュラムに従って教育するのではなく、アンジローらに対し特別クラスを設けて、特訓しようとした。日本行きが予定されていたトーレスは彼らにとってうってつけの教師となった。

ポルトガル語学習

まずアンジローのポルトガル語についてみよう。アンジローはマラッカでザビエルと会ったときにはすでに「かなり」ポルトガル語ができ、ザビエルとのやりとりも十分可能な程度であった。ゴアでもポルトガル語を猛烈に勉強したようである。ザビエルによれば「パウロは八ヵ月でポルトガル語を読み、書き、話すことを覚えました」（一五四九年一月十四日付書翰）とある。また、フロイスによれば「かくして彼は同所にいた六ヵ月間、（ポルトガル語の）読み書きを学習することに専念し、その点で学院中、彼に勝る者はほとんどいないほどまで、著しく上達し」（松田毅一ほか訳注『日本史6』）たとある。

ロドリゲスによれば「彼は非常に利発な者だったので、まもなく公教要理の事柄について、福者パードレ〔ザビエル〕の世話に当たっていたパードレ・コスメ・デ・トーレスと意志が通ずるほどポルトガル語を会得した」（池上岑夫ほか訳注『日本教会史 下』）とあり、指導者のトーレスとも教理内容について話し合えるほどであった。書く能力にかんする判断材料として、すでに紹介した彼の書翰（一五四八年十一月二十九日付）がある。上述したように彼一人の力でこの書翰全体を書くことは不可能であったが、少なくとも日本からインドへの体験談の下書きは彼の手になるとみてよいであろう。語学力は総合力であり、言語自体の知識もさることながら、言語の背景となっている社会や文化の知識も不可欠である。彼のゴア滞在日数が増すに従って、彼の語学力も自然に向上し、日常会話はもとよりキリスト教教理などにかんしても話し合えるほどになった。

教理学習

教理教育はランチロットとトーレスが担当した。アンジローは一五四六年日本脱出後マラッカへ向かう途中アルヴァレスよりキリスト教の手ほどきを受け、四七年十二月マラッカでザビエルから「信仰箇条」を学び、これを筆記したことがある。ゴア到着後、洗礼前、ザビエルの将来のパートナーとして働くために、彼の教理教育が徹底的に行われた。とくにトーレスはザビエルから依頼されて、アンジローの特訓にあたった。トーレスは彼に二度「マテオ〔マタイ〕による福音書」を説明すると二度目には第一章から最終章まですべて暗記してしまったという。また信仰を固めるため、アンジローはトーレスの指導の下に「霊操」を行った。霊操とはイエズス会の創始者ロヨラがみずからの霊的体験を体系化した修行方法で、黙想と祈りからなる四週間の修養プログラムである。イエズス会士およびその同志にとって必須(ひっす)の修行とされている。アンジローは霊操を終えると同伴した召使のジョアネやアントニオにも受けさせた。ランチロットは洗礼前後のアンジローについて「彼は私たちの信仰について、私たちから十分な情報を得、わずかな期間のうちに〔これに〕通じ、キリスト教徒になった。……彼は祈りと黙想に励み、イエス・キリストに熱心に祈り求めた。彼の善良さは筆舌に尽くせないほどである」(「第一日本情報第二稿」『西欧人の日本発見』)と記し、アンジローの精励ぶりと真摯(しんし)な態度を高く評価している。

アンジローの受洗

アンジローはザビエルから「よく教えられ、学んだ後に洗礼を受けた」と評されるように、聖パウロ学院で信者となるための教理教育を十分受けて、一五四八年五月二十日聖霊降臨の祝日にゴアの大聖堂において他の二人の日本人とともに洗礼を受けた。洗礼名はアンジローがパウロ・デ・サンタ・フェ、彼の召使はジョアネ、もう一人はアントニオであった。アンジローの洗礼名は学院創設の功労者の一人コスメ・アネスの希望によりパウロ・デ・サンタ・フェと付けられた。これは使徒聖パウロとサンタ・フェ(聖なる信仰)という、同学院が持つ二つの名称を重ね合わせたものであった。アンジローの教父はパードレ・フランシスコ・ペレスによれば、一人が司教ジョアン・デ・アルブケルケ、他が総督ジョアン・デ・カストロであった。

このことはアンジローの洗礼式がエスタード・ダ・インディア〔アジア領〕の聖俗界あげての一大セレモニーであったことを意味している。ザビエルがこれら両名に教父を依頼

図22　洗礼盤（ゴア・大聖堂）

したのは、このアンジローの洗礼、そしてみずからの日本開教がやがてポルトガル国家とカトリック教会あげての大事業に発展するという予感から、聖俗界の両代表に委ねたものといえよう。

五月二十日は聖霊降臨日の祝日である。この日はイエス・キリストが復活してから五〇日目にあたり聖霊が使徒たちに下り、三〇〇〇名が洗礼を受けたとされる祝日で、クリスマスやイースター（復活祭）と並んで、キリスト教会の三大祝日の一つである。この日に初代教会以来洗礼を行うことが慣例となっている。一五四八年五月二十日は日本人初のキリスト教徒誕生の日として意義深い一日となった。

現在、ゴアの大聖堂を入って右側の小礼拝堂にアンジローの受洗のさいに用いられた石造の洗礼盤がある。今から四五〇年前、豪華な衣装に着飾ったゴアのインド総督および大司教をはじめとする植民地政府高官や教会関係者たちが集まり、彼らの見守る中で厳かに洗礼式が執り行われたのである。ゴアの人々にまだ馴染(なじ)みのない日本を知らしめ、日本布教への理解と支援を得るための絶好の機会となったことは間違いない。

教理書翻訳

キリスト教教理書の翻訳

ザビエルは日本布教に備えキリスト教教理書の翻訳を考えていた。すなわち一五四八年一月二十日付書翰に「私たちはキリスト教教理のすべてと私たちの主イエス・キリストの来臨の物語について詳しく述べている信仰箇条の説明を日本語に翻訳するつもりです」とある。布教活動にとって教理書は必要不可欠な道具であり、ザビエルは「キリスト教教理のすべて」と「信仰箇条の説明」の二種類の翻訳を予定していた。前者の「キリスト教教理のすべて」は、ザビエルがヨーロッパからインドへ持参したジョアン・デ・バロス著『ポルトガル文法』（一五三九年刊）の付録（ドチリナ）を多少手直しした、二九ヵ条の「ドチリナ・ブレベ」（小教理書）である。

この内容は信者が暗唱すべきお祈りや十戒などをまとめたものである。これをザビエルはすでに一五四四年漁夫海岸滞在中にタミル語に翻訳し、のちマラッカ滞在中にマレー語に翻訳している。後者の「信仰箇条の説明」は「使徒信経(クレド)」の説明であり、天地創造からキリストの来臨までを扱っている。これをザビエルは一五四六年テルナテ島滞在中に作成してマレー語に翻訳し、一五四八年にはインド人司祭ガスパル・コエリョにタミル語へ翻訳させせた。ザビエルは当初これら二種類の教理書を日本語に翻訳しようとしていたが、実際に翻訳されたのは「ドチリナ・ブレベ」のみであり、「信仰箇条の説明」は来日後の仕事となった。

「ドチリナ・ブレベ」の内容

では アンジローが翻訳にした「ドチリナ・ブレベ」の内容を知るために、煩をいとわずその項目を列挙してみよう。

(1)冒頭の祈り、(2)使徒信経、(3)信仰の宣言、(4)主の祈り、(5)天使祝詞、(6)天主十戒、(7)掟を守る人、守らない人の行く先、(8)掟を守るための祈り、(9)聖母への祈り(掟を守るため)、(10)罪の赦しを願う祈り、(11)聖母への祈り(罪の赦しのため)、(12)教会の掟、(13)サルベレジナ、(14)告白の祈り、(15)七つの大罪、(16)倫理徳、(17)三つの対神徳、(18)四つの枢要徳、(19)肉体的慈悲の七業、(20)霊的慈悲の七業、(21)五感、(22)霊魂の三能力、

(23)霊魂の三敵、(24)聖体の祈り、(25)聖杯の祈り、(26)信仰宣言および不信仰への償い、(27)聖母および諸聖人の保護を願う祈り、(28)大天使聖ミカエルの守護を願う祈り、(29)食前の祈り、

以上の二九ヵ条である。

アンジロー訳の問題点

キリスト教教理の翻訳には神学的意味の把握と適切な用語の選択が必要である。そのためにはキリスト教および日本の宗教にかんする幅広い教養と高度な専門的知識が必要であり、アンジローにはあまりにも荷が重すぎたといえる。ザビエルはアンジローの教養について「彼は法〔日本の宗教〕を記している言語〔漢文〕――土地の人々が書物に記している、私たちのラテン語のようなもの――がわかりませんので、私は印刷された書物に記されている法〔日本の宗教〕について完全な情報を提供できません」と記している。すなわちアンジローは学問をした人でなかったので、漢文で書かれた経典が読めず、一般的日本人の常識程度の仏教知識しか持ちあわせていなかった。またキリスト教の知識も本格的に大学で神学教育を受けたわけでもなく、信者として知っておくべき知識を短期間に学んだ程度であった。ポルトガル語も日常会話はなんとかこなせるものの、神学や哲学用語にはまだまだ力不足であった。そのうえ、アンジロ

ーを指導するザビエルをはじめランチロットやトーレスも日本語が分からず、日本の宗教も本当のところが分からない状態であった。このように双方ともに手探りの状態の中で、「ドチリナ・ブレベ」の翻訳が行われたのである。ランチロットによれば「彼（アンジロー）は信仰の主要な部分と戒めを要約して、彼の言葉に翻訳した」（「第一日本情報第二稿」）と記している。残念ながらアンジロー訳「ドチリナ・ブレベ」は現存しないので、アンジローの苦闘の跡をたどることはできないが、デウス（神）が「大日」、聖母マリアが「観音」、天使が「天人」、パライソが「極楽」などと訳されていたことは間違いない。

ザビエルはアンジロー訳「ドチリナ・ブレベ」にさまざまな問題点があることを十分認識していたはずである。彼は翻訳者アンジローの教養程度を知っていたし、またインドで現地人による教理翻訳を経験していたからである。すなわち一五四四年漁夫海岸滞在中、現地人出身の神学生を使って「ドチリナ・ブレベ」を翻訳したが、ほどなくして不適切な訳語が指摘され、ただちに改訂を余儀なくされた。やがてこの改訂版もタミル語をマスターしたエンリケスによって全面改訂されることになったからである。ザビエルはこのような経験から現地人通訳や神学生による教理翻訳の限界と危険性を十分認識していたといえよう。

「日本情報」への協力

ランチロット編「日本情報」

ザビエルは日本布教に備え日本の事情を可能な限り把握しておく必要があった。とはいえ彼はインド布教区の長として漁夫海岸やコーチンへの視察旅行などの任務を果たすため、ゴアを不在にしがちであったので情報の収集を聖パウロ学院長のランチロットに委ねた。ランチロットは「この人〈アンジロー〉は教理問答のとき、その土地の宗教や慣習について、私に語ってくれた」(「第一日本情報第三稿」『西欧人の日本発見』)とあるように、教理教育の合間を利用し、アンジローから日本にかんする情報を聴取した。ランチロットによる「日本情報」は一五四八年夏から年末まで四種類つくられている。これらの概略を次に掲げる。

「第一日本情報第一稿」

一五四八年夏ころ最初に作成されたのは「第一日本情報第一稿」である。これは、ランチロットによれば、「あの国で信じられている宗教と聖なる儀式について主要なことをごく簡単に書いたにすぎません」とあるように、主として日本の宗教（仏教、修験道）や日本人の信仰を扱っている。その内容は、(1)日本の社会（長子相続、ワゥ（天皇）とゴショ（将軍）、ワゥ（天皇）の生活、夫婦関係、子弟の教育）、(2)日本の宗教（三つの宗派、僧院生活、大日、釈迦の生涯、五戒、葬式、修験道）、(3)日本人および日本のこと（アンジローの才能、キリスト教布教の可能性、気候、動・植物）となる。アルヴァレスの「日本情報」にはなかった天皇や将軍の記事、仏教の教義など、日本人でなければ知りえない情報が含まれている。

「第二日本情報」

この「第一稿」はインド総督サァに提出されたが、「世俗的な事柄も質問されたい」という彼の意向を受けて、ランチロットは時を経ずして「第二日本情報」を作成した。この内容は、(1)戦争（将軍の関与、武器、武具、戦闘方法）、(2)日本の地理（日本の大きさ、位置、エゾ（蝦夷）、キカイ（鬼界島））、(3)特記事項（船、貿易品、都市、城塞、家屋、食物、鉱物資源、間引き、高野山、弘法大師）である。この内容はアルヴァレスの「日本情報」を補うものであり、とくにエゾ（蝦夷）とアイヌ人およびキカイとその住人の記述はヨーロッパ人が記した最初であり、興味深い内容なので、次に引用しよう。

チナ〔中国〕と日本の下方、北東部に、エゾ Esoo〔蝦夷〕と呼ばれる、非常に大きな土地がある。その住民は大小の船で日本人と戦いに来るが、土地に陣営を設けるためではなく、海賊として沿岸部で盗みを働くためであり、直ちに逃げ去る。(彼〔アンジロー〕が述べるところでは) 彼らは弓矢と、非常に短い刀の他には武器を携えていない。これらの人々は色白で、短く刈り込んだ髪をして、長いひげをはやし、大きな身体をしている。彼らが勇敢に戦い、死を恐れず、一人で一〇〇人を相手に戦うことは、ドイツ人の習慣と同じである。また、東の部分には、キカイ Quiquay〔鬼界島〕と呼ばれる島があり、その住人は先の人々〔エゾの住人〕とおなじように、マルーコ〔モルッカ〕のカラコラ舟のような小さな舟で日本の島へ盗みに来る。彼らは褐色である。(『西欧人の日本発見』)

アイヌ人の風貌、武器などが正確に伝えられており、南九州の人アンジローも北海道のアイヌ人について十分知っていたことが分かる。また、薩摩からさほど離れていない鬼界島の住人について、アンジローが異国人のように語っていることも興味深い。

ランチロットはこれら二つの情報を作成してからもアンジローから聴取を続け、その半年後の一五四八年十二月、「第一稿」に「第二情報」を加え、さらに新情報を盛り込んだ「第一日本情報第二稿」を作成した。しかし彼はこれでも満足できなかったようでほどなくして日本の宗教を中心に再編集した、決定版ともいうべき「第一日本情報第三稿」を作成した。彼はここにもアンジローから新たに得た情報を加えた。その一つがシャカの入滅の記事である。興味深いので次に掲げる。

「第一日本情報
第二・三稿」

彼〔シャカ〕は全ての弟子と多くの人々を集めて説教し、間もなく死ぬことを予言した。そして彼は、作るように命じておいた大理石の墓に登り、全員が見ている前で死んだ。それで弟子達は彼の死体を焼いた。彼らがその灰を墓に埋葬すると、シャカ自身が全員のいる所で、快活な顔付きをして、不思議な姿をして、白い雲の上に現れた。このようにして天に登り、もうこれ以上見られなかった。彼はほぼ九十歳であった。(『西欧人の日本発見』)

シャカの入滅が日本人からヨーロッパ人に伝わった最初の記事である。ランチロットはザビエルにより多くの日本情報を提供しようと常に研究を続けていたこと、彼の熱意にアンジローもよく応えていたことが分かる。

「日本情報」への評価

ランチロットやアンジローが心血を注いで作成した「日本情報」に対して、従来より内外の研究者の評価は極めて低い。たとえば海老沢有道博士は「日本の地理、風俗、政治、宗教などあらゆる方面にわたっているが、甚だしい誤謬に満ちている。シュールハンマーはヤジロウの日本宗教知識の貧困と誤謬の多いことを論じ、なかでもサヴィエルにキリスト教の神を『大日』と呼ぶように教える大失敗をしたことを論ぜられた」（「ヤジロウ考」）と記し、情報内容もその影響も極めて否定的に捉えられ、ザビエルの日本布教に与えたプラスの影響など論外のこととされた。確かに今日から見れば誤謬と分かる部分もあるが、当時にあってはいずれも喉から手の出るような情報であったはずである。したがって、情報の内容の当否よりも、この情報がいかにザビエルの日本布教に影響を与えたかを明らかにするほうが重要であると思う。

ザビエル日本布教への寄与

「日本情報」の利用にかんして、常にマイナス・イメージで捉えられているザビエルの「大日」使用について、アンジローの評価ともかかわる大問題であるので、のちに扱うことにし、ここではザビエルの日本布教に貢献した「日本情報」中の情報を紹介しておきたい。

第一は、日本の政治体制にかんする情報である。「第一稿」に「全土は一人の王によって統治されている。……第一の王は彼らの言葉でワゥ（王＝天皇）と呼ばれている。……彼はあらゆることを、彼らの言葉でゴショ（御所＝将軍）と呼ばれる者にまかせている。御所は……日本全土に命令権・支配権を持っているが、前述の王に服従している」とある。ザビエルはこの情報から天皇と将軍による中央集権的政治体制を知った。彼は来日前にすでに天皇のいるところ（京都）へ行く計画を立てている（一五四九年一月二十九日付書翰）が、これは京都の重要性を十分認識していたからである。来日後、鹿児島でさらに京都の詳しい情報を得て、やがて上京計画を実施することになる。

第二は中国と日本との関係にかんする情報である。「第一稿」に「彼ら（シャカの弟子）のうちある人々は中国へ渡り、彼らの教えと信心の方法を説き、中国全土を改宗させ、以前から中国にあったあらゆる偶像や寺院を破壊させた。彼らは中国から日本へ行き同じようなことを行った」とあり、日本人の信じているシャカの教え（仏教）が中国経由であることを伝えている。また「第二情報」に「日本の商人は中国人と取り引きし、日本から中国へ銀、硫黄、扇子を持って行き、中国から硝石、大量の生糸、陶磁器、水銀、麝香（じゃこう）の固まりをもたらす」とあり、日中間の経済的つながりが記されている。ザビエルはこのような日中間の宗教的・経済的関係をあらかじめ把握していたからこそ、来日後三ヵ月足らずで書いているように、勘合（かんごう）貿易にヒントを得て、国王の通行許可状（勘合）による中国安全入国の方法を思いついたり、日本社会への中国文化の影響力をいちはやく理解できたのである。

第三は日本人僧侶の悪習にかんする情報である。「第一稿」に「これらの宗教家たちは非常に貞潔な生活をしているが、修院で教理を施すべきたくさんの少年達といる時、非常に忌わしい罪（男色）が認められる」とあり、僧侶の男色が記されている。ザビエルらは来日当初「シャカの教え」（仏教）がいかなる宗教かよく分からなかったので、仏教を攻撃する一つの材料としてこの悪習をとり挙げ「かかる悪習がいかに非道であるか、またそれがいかに神の掟に反するものであるか」と説き、キリスト教の正しさを強調した。このように道徳面からの仏教攻撃はその後仏教がいかなる宗教か分かってからも続けられる。

以上にあげた三点の情報はいずれも来日後のザビエルおよびその後の宣教師たちに直接に重大な影響を与えたものである。従来の研究では「日本情報」は多くの誤謬に満ちているとされ、その影響などまったく考えられなかったのであるが、「日本情報」とその情報提供者アンジローの役割は正当に評価されなければならない。

ザビエルの日本布教構想

ザビエルは来日前、アンジローから得た情報をもとに日本布教の計画を練った。そのさい、インド来島以来関心を示し、情報収集していた中国をも視野にいれていたと思われるので、まずザビエルの中国布教の意志とそれと関連する日本での滞在期間を明らかにしておこう。

中国布教への意志

日本出発の直前一五四九年四月初旬、ザビエルは腹心の部下パードレ・ガスパル・バルゼウをオルムス（ホルムズ）に派遣した。そのとき、次のことを命じた。「何をなすべきかという私の返事があるまであなたはオルムスに留まりなさい。……もしあなたが私の返事を三年間得られない場合、たとえインド〔聖パウロ学院長〕から指示があっても、その三年間はその地に留まりなさい。それが私の意志であるからです」(一五四九年四月初旬バルゼウ宛指令書)。つまり、ザビエルはバルゼウを三年間オルムスに留め、その間は他地域への移動を禁じた。なぜ「三年間」と期限を区切ったのか、上記の書翰には理由が記されていないが、この命令に対応する一五四九年十二月十日付バルゼウ書翰に「彼〔ザビエル〕は私に〔そこでの滞在を〕日本から彼の指示があるまでの三年間と限りました。そのわけは中国あるいは彼が命ずる土地へ私を派遣するためです」とある。すなわちザビエルはバルゼウを将来予想される中国あるいは他地域への布教要員として予定していたのであり、これによりザビエルの中国布教への意志が確認される。

日本滞在予定期間

次に文中の「三年間」の意味であるが、この数字は将来予定される中国あるいは他地域への布教を想定し、これから実施しようとしている日本布教の結果をインドへ報告する目安の時期と考えることができる。すなわち、ザビエルは「もし私の返事を三年間得られない場合」と記し、この三年間に、日本からインドを経由してオルムスまでの連絡期間を含めている。日本からインドへは四〜五ヵ月、インドからオルムスまでおよそ二ヵ月である。実際に航海に要する日数を半年とし、待機期間を含めると、日本・オルムス間は一年弱と計算できる。この三年間から一年を引いた二年あまりをザビエルは日本での滞在期間と考えていたようである。この数字は彼が来日してから三ヵ月足らずで書いた日本発第一報である一五四九年十一月五日付書翰からも裏付けられる。すなわち「一五五一年中に私はあなた方に、都や諸大学のすべての状況について詳しく書き送りたいと思っています」とあり、ザビエルは京都を視察してから一五五一年中には日本行きの成果を報告しようとしており、一五五一年から一五四九年を引くと、およそ二年あまりの日本滞在を予定していたことが分かる。彼の実際の日本滞在期間は二年三ヵ月であったが、これは偶然の一致というよりは当初からの予定通りというべきである。

パイオニアとしての行動計画

ザビエルはおよそ二年あまりを日本滞在期間と予定していたのであるが、この限られた期間内に日本で何をなすべきか熟慮したことであろう。このさい、参考にしたのはインド布教の経験であり、アンジローやアルヴァレスから得た日本情報であった。布教を開始するにあたり、日本ほど情報に恵まれた土地はなかった。これらの情報により、日本人は知的好奇心に富み、理性を重んずる国民であること、言語は全国共通で、政治や文化面では中央集権的であることから、日本は極めて有望な布教地であると予測した。とはいえ、その改宗が容易でなく、長期的展望の下に行われる必要のあることはアンジローの次のような情報からも予測されたことである。すなわち、ザビエルがアンジローに日本改宗の可能性について質問したとき、「彼は、彼の土地の人々はすぐにはキリスト教徒にはならないであろう、と答えました。そしてさらに次のように言いました。〔人々は〕最初に私に多くの質問をして、私の答えの内容、私の理解力、そしてとくに私が話しているとおりに行動しているかどうか、検討するでしょう。そしてもし私が次の二つのことを実行していたとしたら、つまり、彼らの質問について十分に話し、彼らを満足させるように答え、また私が非難されるようなことなく生活していたとしたら、半年間ほど私を試した後で、国王や身分ある人々、ほかにも思慮ある人々がキリスト教徒になるであろう、と。そして、彼らは理性によってのみ導かれる人々である、と言いました」（一五四八年一月二十日コーチン発ローマのイエズス会士宛書翰）とある。理性的で知的好奇心の強い国民である日本人に対して、ザビエルはどのような布教方法が最良と考えたであろうか。かつてインドで行われたような集団による大量改宗方法であろうか。それともインドの漁夫海岸でエンリケスが実践し成果をあげていた現地文化に適応した方法であろうか。当然、後者であったろう。この方法によれば、まず外国人宣教師が現地の言語を習得し、この言語を用いて社会・文化・宗教を理解しながら、段階を踏んで、長期的に布教活動が行われることになる。ザビエルはこのような布教方針を基本に据え、将来の中国行きを念頭において、日本滞在期間を二年あまりと設定し、日本布教のパイオニアとして最優先すべき課題を当面の活動目標としたのである。それらはザビエル書翰によると次のとおりである。

日本の宗教の調査

第一は日本の宗教にかんする調査である。すなわち、一五四九年一月二十日付書翰に「私が日本へ着いたら、もし神の思し召しであれば、神に由来するといわれる、彼らの書物に書かれている事柄についてとても詳しく書こうと思っています」とある。ザビエルはアンジローから日本の宗教にかんする情報を得たが、それらの情報のみではよく分からなかったので、日本の知識人と交わり、書物（経典）をみて、みずからの手で日本の宗教を明らかにしようとしたのである。

キリスト教布教の有無

第二は過去の日本におけるキリスト教布教の有無を確かめることである。一五五二年一月二十九日付書翰に「日本においてかつて人々が神およびキリストにかんする知識を持っていたか否か知ろうとし、とても苦労しました」とある。インドにはキリストの一二弟子の一人使徒トマスが中国布教へ行ったとの伝承があり、それとの関連で日本にもキリスト教が伝来したのではないかと考える人々もいたので、この真偽を確かめることは将来の日本布教にとって基本的な課題であった。

キリスト教布教の可能性

第三は日本におけるキリスト教布教の可能性を確かめることである。一五四九年一月二十日付書翰に「私はもうそのころには、日本について、またその土地が私たちの聖なる信仰の布教に適しているか否かの状態について、知らせをインドへ書き送っているように、主なる神に願っています」とある。日本がキリスト教布教にとって有望な土地であることはアンジロー本人からの印象やアルヴァレスの情報からよく分かっていたが、ザビエルにはみずからの眼で日本の諸状況（政治・社会・宗教・国民性・文化程度など）を確かめ、布教の可能性と将来性を判断する必要があった。

ザビエルはこれらの目標を達成するために、「まず最初に、国王のいるところへ行き、ついで学問が行われている諸大学 universidades へ行こうと決めています」（一五四九年一月十二日付書翰）とあるように、京都へ行って天皇および諸大学を訪問する計画を立てたのである。

インド総督サァの支援

日本布教とポルトガル国家

ザビエルによる日本布教の企ては、ポルトガルの政治的軍事的支配が及んでいない地域に布教活動を行おうとした点で画期的なものであった。

この企てがザビエルの発案になり、彼の情熱と強力なリーダーシップの下に行われたことはいうまでもない。しかしこの企てがポルトガル国家（の代表としてのインド総督）の認可と支援なくして実現できなかったことも事実である。ここではザビエルの日本布教とインド総督ガルシア・デ・サァのかかわりについて述べておこう。

インド総督サァの略歴

サァは一五一八年インド到着以来三〇年間、軍人、植民地高級官吏としてアジア各地で過ごした。六〇歳を過ぎて総督ジョアン・デ・カストロの死にともない一五四八年六月第一四代インド総督に就任し、翌年六月在職わずか一年で死亡した。彼のインドでの生涯は第二代総督アフォンソ・デ・アルブケルケによって築かれたエスタード・ダ・インディア〔アジア領〕の維持と管理に費やされたといってよい。すなわち、マラッカ長官を三回務め、マラッカをイスラム教徒から守り、バサイン長官として要塞を建設し、ディウ防衛戦には総督クーニャと共に参加した。総督在任期間が一年間と短かったので、目立った業績はないが、将来の統治のためにエスタード・ダ・インディアとその周辺地域の情報を収集し、二五章からなる「インドおよび日本の諸事にかんする書」を編纂したことは特筆される。この中には上述したランチロット編「日本情報」やアルヴァレスの「日本情報」や作者不明の「中国情報」が含まれている。

サァと日本布教とのかかわり

サァはいつザビエルから日本布教の企てを聞いたか明らかではないが、総督に就任してから一～二ヵ月後のことと思われる。このとき、サァに提出されたのが上述のランチロットの「第一日本情報第一稿」であり、そのタイトルは「フランシスコ師によって提出された日本の島にかんする情報。同師が真に信用に値する人々、とくに当市ゴアでキリスト教徒になった、非常に才能のある賢い一人の日本人〔アンジロー〕から聞知したもの」である。じつはこれはすでに述べたとおり、ランチロットがアンジローから聴取し、編集したものである。ザビエルはサァとの会見のさい、この情報に加えてアルヴァレスの「日本情報」を持参し、日本布教に理解と支援を求めた。サァはこれらの情報を通して日本を知ることになった。

サァの日本への関心はどこにあったか、そのことを知る唯一の手がかりは「第二日本情報」の冒頭にある。日本の宗教を中心に作成されたランチロット編の「第一稿」に対してサァの意向は「世俗的な事柄を質問されたい」とあり、そのサンプルとして、たとえば、「日本人の間には戦争が行われるのか」「その土地には大都市は存在するのか」などがサァから提示された。つまりサァは日本の軍事的、政治的、経済的側面に強い関心を示しており、日本を貿易や統治の対象として捉えようとするエスタード・ダ・インディアの統括者、経営者としての顔をのぞかせている。

ザビエルの日本行きを認め、支援するサァの真意がどこにあったか。これを伝える史料がないので確かなことは分からない。サァは総督就任前よりザビエルの友人で、彼の活動に協力的であることから、サァの布教への熱意を認めなければならない。しかし「霊的問題への個人的関心のみからザビエルの日本行きを支援した」とは考えられない。彼の信仰心もさることながら、サァはザビエルの日本行きをエスタード・ダ・インディアの勢力拡大のチャンスと捉え、その思惑のもとにザビエルを支援したと捉えるのが自然である。

サァは一五四九年二月日本渡航する前のザビエルに会った。このときザビエルは日本行きのメンバーや日本での行動計画と活動目標を説明したに違いない。これに対しサァはザビエルの日本行きを了承し、ザビエルに羊皮紙に記された日本国王宛の書翰を与え、さらにマラッカ長官ペドロ・ダ・シルヴァ宛にザビエル一行の日本渡航にさいして、あらゆる便宜を与えるべき旨の指令書を与えた。このようなサァの認可と支援を受けて、ザビエルの来日は可能となったのである。

サァ夫人カタリナの墓

ところで私はかつてゴアを訪れたさい、総督サァの墓を詣でようと聖ロザリオ教会へ行ったことがある。同教会の内陣の壁面にはサァ夫人であるカタリナの墓があった。淡いピンクの大理石製のお棺に、インド風の繊細なデザインが施され、ポルトガル語で「ここにカタリナ・ガルシア・デ・サァ夫人が眠る。これを読む人よ、彼女の霊魂のために神にお慈悲を願い給え」という文字が彫られている。彼女は夫サァとの間に二人の娘をもうけていたが、身分の違いゆえに正式な婚姻と認められず、長い間内縁関係におかれていたという。正式に結婚が認められたのは、一五四六年九月彼女が死の床にあったときであった。聖ロザリオ教会はマンドヴィ河を見下す丘の先端にあり、要塞を兼ねた堅固な建物である。ザビエルはゴアにいたとき、当教会で教理教育や説教を行ったといわれ、当時の説教壇も保存されている。かつてゴアの名士が名を連ね、日曜日には人々の出入りが激しかった教会も現在は歴史的建造物となり、訪れる観光客もほとんどなく静まり返っていた。私は、サァ夫人の墓に気を取られ、その真下の祭壇近くの床にあるとされる、肝心のサァの墓碑を確認し損ってしまった。ゴアを訪れるには最適といわれる十二月とはいえ、三〇度をこえる暑さに思考力が鈍っていたからであろう。

マラッカ長官の協力

ザビエル宣教団のメンバー

ザビエルは日本行きのメンバーとして、パードレ・コスメ・デ・トーレス、イルマンとしてジョアン・フェルナンデス、日本人のパウロ・デ・サンタ・フェ（アンジロー）、ジョアネ、アントニオの三人、従僕としてマヌエルとアマドールを選び、総勢八名からなる宣教団を組織した。このうち、パードレとは神父・司祭、イルマンとは修道士のことでパードレの補助的役割をはたす聖職者である。彼らの出身地をみると、ザビエルはナバラ、トーレスはバレンシア、フェルナンデスはコルドバであり、現在の国籍でいえば三人ともスペイン人である。これにアンジローら三人が日本人、マヌエルが中国人、アマドールがインド人であり、多国籍の集団であった。

彼らは一五四九年四月十五日にゴアを出発、マラッカへ五月に到着し、マラッカ長官ペドロ・ダ・シルヴァ・ダ・ガマやイエズス会士パードレ・フランシスコ・ペレスらに迎えられた。

マラッカ長官シルヴァの支援

マラッカ長官シルヴァはヨーロッパ・インド航路の開拓者ヴァスコ・ダ・ガマの第五子である。マラッカ長官はポルトガルの植民地行政においで首都ゴアに住むインド総督に次ぐ重要なポストである。彼はマラッカ要塞の軍事上の責任者であるとともに、航海の統制に大きな権限をもち、ポルトガル人および外国人の商船に航海免状を発行する権限を有していた。マラッカ長官シルヴァはザビエルの日本行きに可能な限りの便宜を図った。それらは一五四九年六月二十日付ポルトガル国王ジョアン三世宛のザビエル書翰によると、

① 日本へ渡航するための船舶
② 日本での生活費、聖堂建設費
③ 日本国王への贈り物

などである。これらの内容について明らかにし、シルヴァの協力ぶりについて述べてみよ

う。

(1) 日本へ渡航するための船舶

日本への船舶の調達はシルヴァが最も苦労した問題であった。その顚末をザビエル書翰（一五四九年六月二十～二十二日付）およびフランシスコ・ペレスの報告をもとにまとめてみよう。シルヴァはマラッカのポルトガル人たちにザビエル一行を日本に送り届けたいと言うと、およそ一〇名程度の申し出があった。ところが彼らは利益の多い中国を経由して日本へ行くことを主張し、日本直航を望むザビエルの意に添えないとして、日本行きをやめてしまった。それゆえシルヴァはマラッカ在住の通称「ラドロン〔盗賊〕」と言われる中国人アヴァンに強要し、彼の妻と財産を担保にザビエル一行の日本行きを実現させた。ザビエルの来日はひとえにシルヴァの好意のお陰であった。のちのことになるが、マラッカでのこの苦い経験はザビエルが後続の宣教師の来日方法を考えるさいに大きな教訓となったようである。

(2) 日本での生活費、聖堂建設費

シルヴァは「マラッカにあった最上の胡椒（こしょう）三〇バル」を用立てた。一バルはおよそ四〇〇ポンドであるから、三〇バルは約五トンである。これはポルトガル国王の喜捨による一〇〇〇クルザドによった（一五五二年一月二十九日付書翰）。

(3)　日本国王への贈り物

日本国王への贈り物について、「贈り物品々二〇〇クルザド」とあり、ヴァリニャーノによれば、「非常に良質の品々」であり、具体的には「クラビコルディオ一台、時計一個、ポルトガル産生地数枚、ポルトガル産ぶどう酒、その他当時日本では見たこともないような品々」（『東インドにおけるイエズス会の起原と進歩の歴史』）であった。これらの品の中には一五五一年ザビエルが山口の領主大内義隆に贈った「不思議ノ重宝」すなわち「十二時ヲ司ルニ夜ル昼ノ長短ヲチガヘズ響鐘ノ声〔時計〕ト、十三ノ琴ノ糸ヒカザルニ五調子十二調子ヲ吟ズル〔オルゴール〕ト、老眼ノアザヤカニミユル鏡〔老眼鏡〕ノカゲナレバ、程遠ケレドモクモリナキ鏡〔望遠鏡〕モ二面候へバ」（『群書類従』二二、訂正三版七刷、一九八六年）と符合するものもある。この贈り物の資金は出所が明らかでないことから、シルヴァのポケットマネーから出たものと思われる。

シルヴァの尽力への感謝

以上のように、ザビエルの足を確保し、日本での生活・活動資金を準備し、贈り物をも調えたマラッカ長官シルヴァの尽力は絶大なものであった。シルヴァに対するザビエルの感謝の気持ちは一五四九年六月二十日付ポルトガル国王ジョアン三世宛書翰に満ちている。

彼〔マラッカ長官〕は私たちが到着した日に約束されたことを完全に果たされ、これ以上できないくらいの素晴らしい配慮をしてくださいました。愛情と好意をもって私たちの旅行の準備に大変尽力してくださったことに、私たちはいかに多くを彼に負っているか、それに対して決してお返しができないほどです。私たちの兄弟でも、彼が私たちにしてくださったこと以上のことはできないでしょう。

私たちの主の愛のために、陛下が私たちに代わって、私たちがドン・ペドロ・ダ・シルヴァに支払うべき多大な負債を償ってくださるようにお願いいたします。

ザビエルは日本行きにさいし、いかにシルヴァに恩義を蒙ったか、よく分かる。彼の尽力がなければ、ザビエルの日本行きは不可能であった。

このようなシルヴァの尽力は従来の研究ではややもするとザビエル書翰に引きずられて、ザビエルへのシルヴァの個人的好意に帰せられがちである。もちろんそのような面も否定できないがエスタード・ダ・インディアの官僚化された行政機構の存在と、ザビエルの日本渡航を認可し支援する旨のインド総督サァの指示を見落としてはならない。この点についてポルトガル人歴史家ドミンゴ・マウリシオは「マラッカ長官シルヴァはザビエルのために莫大な費用を費やしたが、このようなことは東洋の行政機構においてインド総督のあらかじめの裁可なくしては不可能であった」と述べているが、至言である。ザビエルの来日はインド総督サァの指示とそれを具体化したマラッカ長官シルヴァの尽力、つまりエスタード・ダ・インディアの行政機構挙げての支援によって実現できたのである。

アンジローにかんするエピソード

ここで、当時マラッカにいたザビエルの部下フランシスコ・ペレスが記している、アンジローにかんするエピソードを紹介しておこう。

マラッカ長官が日本直航を拒否したポルトガル商人に代わって中国人アヴァンにザビエル一行を送り届けるように取り計らったことはすでに述べたが、このことについてアンジローは次のように述べたという。

〔ザビエル〕一行がポルトガル人と一緒に行かないのは神の御摂理である。なぜならば、ポルトガル人がパードレたちの布教しているデウスの御法の権威を悪い手本で傷つけることのないようにするためであり、また同行者としては未信者で盗賊のシナ人の方がパードレにいっそう役立つであろう。なぜならば、すぐれた教義を信奉する人々の醜い行為は、その教義を傷つけることが大きいのに対して、その教義を信奉しない者どもの醜い生活は、その教義をますます確かなものにし、これを高めるものだからであると、パウロは述べたのであった。(『日本教会史 下』)

つまり、アンジローの発言は宣教師への援助よりも商的利益の追求を第一義とするポルトガル商人への口惜しさから出たものであり、ザビエルの心情を代弁するものであった。この発言を聞いてザビエルはアンジローを誉めたということである。

このエピソードはゴアで一年あまりの滞在を経て、アンジローからパウロ・デ・サンタ・フェへと変身し、今では、すっかりザビエル宣教団の一員となりきった、アンジローの成長ぶりを示しているものといえよう。

鹿児島

――ザビエルの同伴者

ザビエル来日時の薩摩

南海への玄関口、南九州

南九州は奄美諸島、琉球、中国大陸と続く、琉球弧の端に位置し、日本と東南アジアをつなぐ海上交易ルートの南の玄関口である。その中心的な港は坊津であり、七〜八世紀には南海路をとる遣唐使船の発着地となり、その後は日中民間貿易の基地として栄えた。坊津には西の高野山といわれ、西海最古の名刹一乗院があった。領主の島津氏は室町幕府の行う勘合貿易とかかわり、とくに応仁の乱以後は遣明船が坊津経由で明へ向かうようになってから、その警護を担当し、いっそう勘合貿易に介入するようになった。また琉球や朝鮮とも友好関係を保ち、貿易を行った。これらの官貿易に対し、倭寇による私貿易も盛んで、薩摩、大隅地方は倭寇の発進する根拠地として海外でも有名であった。

ポルトガル船の来航

ポルトガルとの関係は一五四三年（天文十二）大隅半島から約四〇㌔に位置する種子島に、三名のポルトガル商人を乗せたジャンク（所有者は平戸を根拠地とする倭寇の王直、号は五峰）が漂着したことから始まった。翌四四年にはガリシャ人ペロ・ディエス、四六年には少なくとも、アンジローをマラッカへ運んだアルヴァレス、ヴァス、フェルナンドらの三隻の来航が確認される。アルヴァレスの「日本情報」の冒頭に記された九州の地名として、「阿久根、京泊、秋目、坊（津）、山川、鹿児島、根占、湊、外浦、ドーシマ（細島）、日向、豊後、シャケノウ（佐賀ノ関）」などの中に薩摩、大隅地方の港名が多く見られ、ポルトガル船は来日当初南九州に集中していたことが分かる。島津氏をはじめとする為政者たちにとってポルトガル船のもたらす文明の利器や珍奇な貿易品は重大な関心事であった。

島津貴久の薩摩平定

ザビエルが来日したころ、薩摩の領主は島津家第一五代貴久である。島津家は初代忠久——源頼朝の庶子ともいわれる——が、文治元年（一一八五）荘園島津荘の下司職、そして薩摩、大隅、日向の三ヵ国の守護職に任じられたことに始まり、第四代忠宗以降薩摩に定住した。貴久は永正十一年（一五一四）

田布施の亀が城において父忠良の長男として生まれた。アンジローの生年が永正八～九年（一五一一～一二）と推定されるので、両人はほぼ同年代ということになる。貴久の父は名君として知られ、薩摩人の精神的支柱となった「いろは歌」の作者である。貴久は父の下で英才教育を受け、幼いころ「田布施等より当寺〔一乗院〕に来て、第八世頼忠上人を師として習学し玉へる」（『三国名勝図会』二六）とあるように、坊津の一乗院に学んだ。その後、彼は大永六年（一五二六）第一四代島津勝久から家督を譲られた。そのわけは勝久には、一族の内訌、諸豪族および隣国諸氏の干渉によって生じた国内の混乱を収拾する能力が欠けていたからである。勝久は一族の実力者、作州家の島津忠良に国政を委ねようとしたが、忠良はこれを断り、息子貴久を勝久の後嗣とした。翌二七年、勝久は貴久を第一五代守護職として鹿児島清水城に迎え、みずからは伊作へ引退した。これに対し、出水を根拠地とする薩州家島津実久はみずからが太守となることを願い、二七年忠良が伊地知重貞を討伐中、鹿児島を攻めたので、貴久は田布施へ逃れた。その後、貴久・忠良父子は反実久勢力を結集し、三三年（天文二）南郷城、三六年伊集院壱宇治城を攻略、三七年鹿児島へ進み三八年から三九年紫原で実久軍を破って南九州支配の基礎を固めた。四五年居城を伊集院壱宇治城へ移した。四八年国分清水城の本田董親を破り、実弟の忠将をすえた。

四九年十二月、加治木で肝付兼演（きもつきかねのり）を倒し、大隅攻略の拠点とし、五〇年居城を伊集院から鹿児島に移し、本格的に三州統一事業を開始することになる。ザビエルが鹿児島に上陸したころは貴久父子による薩摩平定が一段落し、次の大隅攻略へ向けて第一歩を歩み出したときであった。

貴久との会見

ザビエルの来日

ザビエル一行は一五四九年八月十五日鹿児島に到着した。八月十五日は教会では聖母マリア被昇天の祝日であり、聖母マリアが死後ただちに復活し、天国へ上げられたことを記念し、お祝いする。奇しくも一五年前の同日はイエズス会創立の日にあたり、ザビエルは日本への無事到着をはじめ、もろもろの思いと願いと感謝を込めて祈りを捧げたことであろう。

ザビエル一行に対する鹿児島の人々の歓迎ぶりはザビエル書翰（一五四九年十一月五日付）に次のように記されている。

私たちは心からの良い友であるパウロ・デ・サンタ・フェの土地で、その長官や町の支配者から心のこもった温かいもてなしを受けました。またすべての住民からも同様でした。どの人もポルトガル人たちの土地から来たパードレたちを見て非常に驚いていました。誰もパウロがキリスト教徒になったことを別に変だとは思わず、むしろそのことを大いに賞賛しています。彼の親戚もその他の人々もみなパウロがインドへ行ったことやここの人々が見られないものを見てきたことで、彼のことをとても喜ん

図23　ザビエル上陸記念碑 ザビエル像
（鹿児島市祇園之洲町）

でいます。この地の公爵も彼のことを非常に喜び、彼に大いに名誉を施しました。そしてポルトガル人の生活習慣や勢力範囲などについてさまざまな事柄を尋ねました。パウロはすべて話しましたので、公爵は非常に満足しました。

ここにはザビエル一行、とくにアンジローに対する官民あげての熱烈な歓迎ぶりが記されている。人を殺めて海外へ逃亡した「お尋ね者」のアンジローが、日本では誰も行ったことがないポルトガル人の都市で生活して戻ってきた。彼は国際語であるポルトガル語を操り、海外通の国際人パウロ・デ・サンタ・フェに変身していた。しかも彼はエスタード・ダ・インディア〔アジア領〕の最高権力者であるインド総督から派遣されたザビエルの先導役を務めていた。かつてのアンジローを知る人々はザビエルの通訳を務める、彼の晴れがましい姿を驚嘆と賞賛の眼で見たことであろう。

アンジローの貴久訪問

ついでアンジローは鹿児島から五レグワ（約二八キロ）離れた所にいた領主貴久を訪れた。貴久は領国の支配者として鉄砲をはじめとする南蛮の文物、さらにポルトガルとの貿易に多大なる関心をもっていた。それゆえ、アジアにおけるポルトガル人の暮らしぶりやポルトガルの軍事的・政治的支配の状況など大いに気になっており、いろいろ質問したので、アンジローはマラッカやゴアでの見聞や体験をもとに知っている限りの情報を提供した。貴久にとってアンジローは語学・海外情報・海外での人脈など将来予想されるポルトガルとのパイプ役として唯一無二の人材となった。その結果、彼の過去は不問に付されたのであろう、「お尋ね者」から一転して時の人となり、官民挙げての歓迎となったのである。

アンジローはザビエルの名代（みょうだい）で貴久を訪れたさいに、聖母マリアの画像を持参した。これはキリスト教に対する貴久の態度を確かめるためであったろう。ザビエル書翰には貴久の反応が次のように記されている。

公爵はこれを見て非常に喜び、私たちの主キリストと聖母マリアの画像〔聖母子像〕の前にひざまずいて大いに敬意を表して丁重に拝みました。そして彼の周りにいたすべての者にも同じようにさせました。そのあとでその画像が彼の母親に示されたとき、母親はそれを見て感嘆し、非常に喜びました。パウロが私たちのいた鹿児島へ戻ってから数日後に公爵の母親は家臣を遣わし、どのようにすればあの画像と同じものができるか尋ねてきましたが、当地には材料がないので、つくるのをやめました。この婦人はキリスト教の教義を書いて送るように依頼してきましたので、パウロは数日間それを作成するのに専念し、私たちの信仰について多くのことを日本語で書きました。

新来の宗教に対する貴久とその母親の反応はすこぶる好意的であった。これは多分、アンジローがキリスト教を説明するさい、デウスを「大日（だいにち）」とし、聖母マリアを「観音（かんのん）」として話したので、貴久らが仏教の一派と捉え、幼少のころから親しんできた真言宗になぞらえて理解したからであろう。とくに母親は新来の宗教に強い関心を示し、聖母子像の製作の仕方や教理の内容を尋ねるほどであった。アンジローはキリスト教の教理を貴久や母親に説明し、彼らの好意を得ることに成功した。アンジローの貴久訪問はきたるべきザビエルとの会見の下準備となるものであり、アンジローはまずはザビエル一行のスポークスマン的役割を立派に果たしたといえる。

ザビエルの貴久訪問　貴久とアンジローとの会見後約一ヵ月たった九月二十九日（大天使聖ミカエルの祝日）にザビエルは貴久と会見した（会見場所について、伊集院か国分か二つの意見がある）。そのときの模様は一五四九年十一月五日付ザビエル書翰に次のように記されている。

彼は私たちに非常に敬意を払い、私たちに対して、キリスト教の教えが書かれている本を大切にするように言いました。また、もしイエス・キリストの教えが本当によい教えであるならば、悪魔はその教えに大いに苦しむにちがいないと言いました。それから数日後、彼は家臣に対し、信者になりたい者は誰でも信者になってもよいという許可を出しました。

貴久はザビエルに大いに敬意を払い、丁重にもてなしたことが分かる。以前、アンジローがはじめて貴久と会ったときは聖母子像を持参したのであるが、今回は「キリスト教の教えが書かれている本」を持参した。これらはフロイスによれば、挿し絵入りの聖書と豪華な装丁の注釈書であった（『日本史6』）。アンジローを通して説明されたキリスト教の教えは貴久にとくに違和感を与えることがなく、貴久は数日後に家臣にキリスト教信仰の許可を与えた。このようにキリスト教がひとまず日本社会にスムーズに入れたことはアンジローの功績の一つといえよう。

ザビエルの上京計画

ザビエルが貴久との会見で話題にしたことは上京計画であった。ザビエルは来日前より京都行きを目標にしており、できるだけすみやかに上京し、天皇に会って布教許可を得、さらに京都にある諸大学を訪れ、日本の宗教を明らかにしたいと考えていた。この京都行きにかんするやりとりについてフロイスは、一五五一年九月二十九日付トーレス書翰およびザビエル書翰をもとに次のように述べている。

そこで司祭は薩摩の国主〔貴久〕に対して、自分を（都）へ派遣してほしい、またそこへ行くことが出来る船を（用立てて）もらいたいと切に要請した。国主は喜んでそれに応ずる態度を示し、いつもの航海の季節となって（都に行く）ために好都合な（風が吹くように）なれば、万事において好意と援助を授けよう。（だが）目下のところは国内で戦争が行われていて、今は（希望に応じ）かねる、と言った。（『日本史6』）

すぐにも上京したいザビエルの要請に対し貴久が難色を示したのは、トーレス書翰に「彼ら〔貴久ら〕は私たちからなんらかの世俗的利益を期待しているようだ」（一五五一年九月二十九日付書翰）とあるように、貴久はザビエルの背後に存在するポルトガルを意識し、ザビエルの薩摩滞在を梃子に同国との速やかな通商関係の樹立を図ろうとしていたからである。貴久としてはザビエルという宝の生る木を確保しておきたかったのである。

日本布教をめざすザビエルとポルトガルとの通商を望む貴久との、両者の思惑の狭間にあって双方のパイプ役となったのがアンジローであった。

ザビエルと忍室

ザビエルは日本における優先的課題の一つに日本の宗教の調査をあげている。上陸後、ただちにその課題に着手したことは、来日して三ヵ月足らずで書かれた「日本第一報」に次のように記されている。

忍室との親交

しばしば私は最も学識ある何人かの人と話しました。とくにそのうちの一人とよく話しました。彼は学識、生活態度、品格、八〇歳という年齢などの点で、当地の人々からとても尊敬されています。彼はニンシツ Ninxit といい、日本語では「真理の心」を意味します。彼らの間では司教(オビスポ)のようです。

文中の「ニンシツ」は福昌寺第一五世文勝忍室とされている。福昌寺は稲荷川の上流玉

図24　忍室墓（鹿児島市池之上町）

龍山の麓に位置し、応永元年（一三九四）島津元久によって同家の菩提寺として創建された。その建物は明治二年（一八六九）の廃仏毀釈によって破壊され、現在僧侶の墓地が残っているのみである。かつて境内には七堂伽藍が備わり、領内第一の巨刹として、僧侶の数は多いときには一五〇〇人くらいに達したという。同寺は戦国時代一時衰退したが、貴久によって再興され、天文十五年（一五四六）後奈良天皇の勅願所となり、忍室文勝は仏照大円禅師の法号を与えられた。忍室は天文十四年～弘治二年（一五四五～五六）まで福昌寺一五世の位にあった。同寺は西日本に多数の末寺をもち、九州の僧録所ともなったことから、その総括者の忍室がカトリック教会の「司教」（教区を管理する高位聖職者）にあたると考えられたのであろう。忍室の墓は歴代住職のほぼ中ほどにある。

学識、生活態度、品格などの点で申し分のない老僧の忍室は、教えを説く目的で六〇〇〇レグワ（約三万三六〇〇㌔）離れた所からやってきた遠来の客ザビエルらを尊敬の念を

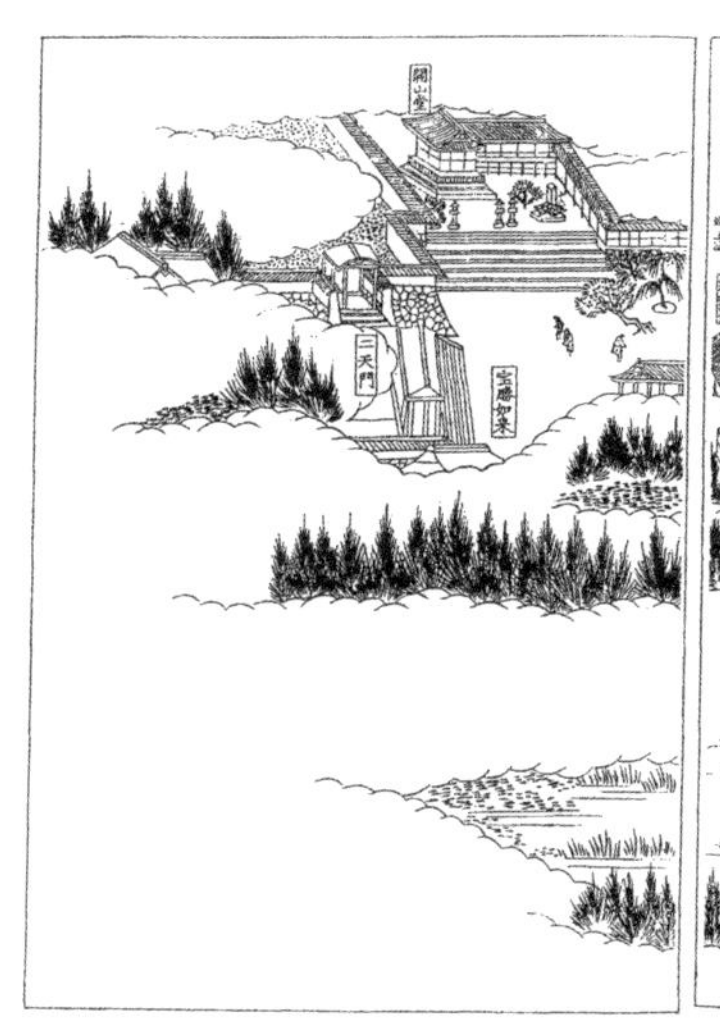

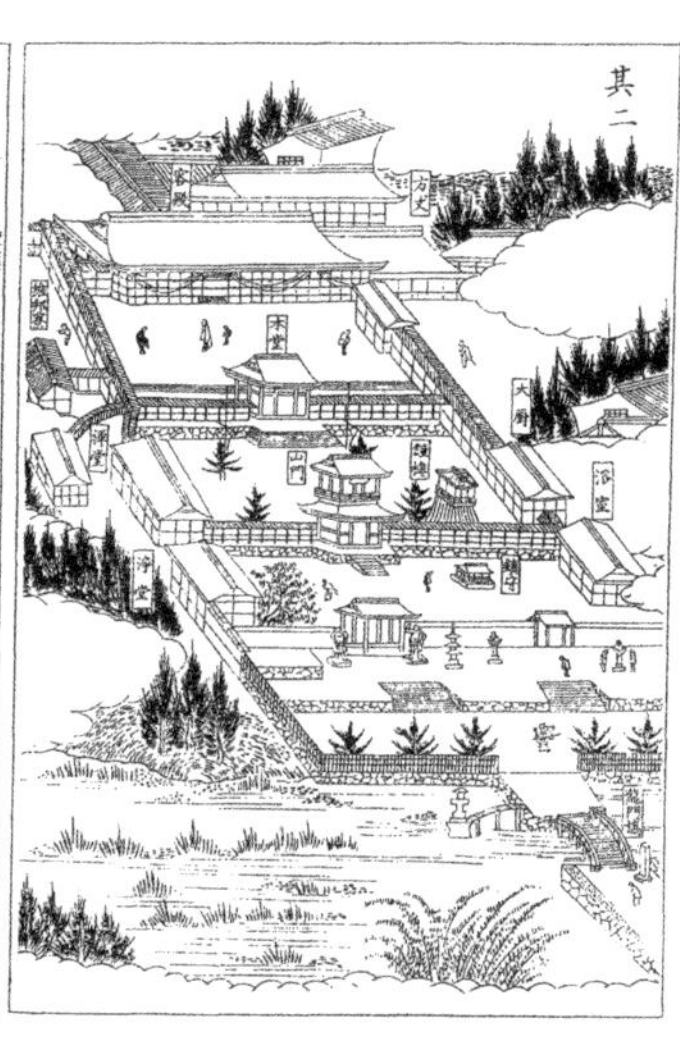

図25　福昌寺伽藍（『三国名勝図会』）

もって迎えた。

ザビエルがしばしば忍室を訪ね、さまざまな質問をしたことはザビエル書翰に記されている。具体的に記されていないので、対話の内容はよく分からないが、フロイス『日本史』にはそのやりとりがいくつか書かれている。ただし、フロイスは脚色しているので、この通りであったか分からないが、対話の雰囲気を伝えているので、その一つを紹介しよう。

忍室への質問　ザビエルが忍室を訪ねたとき、座禅中の僧侶をみて「これらの修道者たちは何をしているのか」と質問することがあった。

すると、（忍室）は微笑して（次

のように）答えた。「ある連中は、過去数ヵ月に、信徒たちからどれだけの収入を得たかを数えており、他の連中は、どこに（行けば）自分たちのためによりよい衣服や待遇が得られようかと思い巡らしている。また他の連中は、気晴らしになることや閑つぶしになることを考えているのであって、つまるところ、何か有意義なことを（黙想）しているようなものは一人もいないのだ」と。（『日本史6』）

忍室はヨーロッパ人に会うのははじめてであったが、平常心を保ち禅者一流の諧謔（かいぎゃく）をもって応じている。これに対しザビエルは宗教者のもつ勘によって、忍室の言葉の背景には何かあると直感したことであろう。そして、「この何か」を把握することが当面の課題であると認識し、さらに対話をすすめていったろう。ザビエル書翰によれば、彼は忍室と霊魂不滅について話し合っている。両者の具体的なやりとりは記されていないが、その結果として「彼〔忍室〕は私に、ある場合には霊魂は不滅であると言い、他の場合には否定します」と記している。禅者特有の言い回しを駆使（くし）する忍室にザビエルは手こずっていたようであり、霊魂不滅を大前提とするザビエルには忍室の真意が不可解であった。この主たる理由はザビエルが禅の世界にまったく通じていなかったことにあるが、通訳のアンジローにも問題があったと思われる。

アンジローの通訳ぶり

ザビエルと忍室との対話におけるアンジローの通訳ぶりを伝える直接史料は存在しないので、間接的史料によって推測してみよう。これはザビエルが鹿児島を退去して一一年後の一五六二年十二月にはじめて同地を訪れたイルマン・ルイス・デ・アルメイダの書翰（一五六二年十月二十五日付）であり、ザビエルの薩摩布教を再現しうる唯一の史料である。アルメイダは鹿児島へきて、三つの大寺院を統括し、貴久の精神的顧問として相談役を務める某僧侶と会った。彼は福昌寺第一七世雲舟玄済と思われる。両者のやりとりは次のとおりである。

彼は五〇歳くらいであろう。パードレ・メストレ・フランシスコは彼と非常に仲が良かった。彼は眼を病んでいたので、私は訪問するさい、目薬を持参した。彼は私をとても厚遇し、次のように言った。すなわち、メストレ・フランシスコが自分に説いたことを本当に知りたいと思っていたが、そのことを明らかにしてくれる通訳がいなかったので理解できなかった、と。そして知りたかった多くの事柄を私に質問し始めた。それらは、人間の死後には何か残るのか、創造主は存在するのか、なぜ季節の変化があるのか、なぜ土地は揺れるのか、なぜ雨は降るのか、など多くのことであった。これらの質問に答えると彼は非常に喜んだ。（ローマ・イエズス会文書館、日本・中国

部四、二七二葉裏）

この僧侶はザビエルが鹿児島滞在していたとき親交を深め、ザビエルからいろいろ話しを聞いていたが、死後の魂のこと、神の存在の有無などキリスト教の最も根本的な事柄がよく理解できなかった。その理由として「そのことを明らかにしてくれる通訳がいなかった」と述べている。しかしこのとき、ザビエルら外国人宣教師の中に日本語が分かる者は一人もいなかったので、アンジローが通訳を務めており、彼の通訳なしにはザビエルは説教も対話もできなかったはずである。この僧侶とザビエルが会ったとき通訳アンジローを伴わなかったことはありえない。このように見てくると、この僧侶との対話の場において、アンジローはザビエルの通訳としての機能を十分果たしていなかった、ということになる。

アンジローはキリスト教の神学やヨーロッパの哲学、仏教を学問的に体系的に学んだことはなかったし、キリスト教と仏教の区別を学問的に論ずることもできなかったろう。それ故、彼はキリスト教の教理について、日本の僧侶や教養人を納得させるだけの説明ができなかったようである。キリスト教と仏教とをつなぐパイプ役としての通訳はアンジローの能力を超えていたということである。

このように忍室とザビエルという東西の知性による最初の対話はすれ違いに終わったが、

その原因は宣教師側についていえば仏教とくに禅についてまったく分かっていなかったこと、次に通訳アンジローの能力にも問題があったことが挙げられる。とはいえ、宗教の違いを超えて両者の間に敬愛の念が生じ、人間同士の出会いがあったことは特筆に値する。このような人間関係を基に両宗教間の対話が展開していたら実り多いものとなったことであろう。

アンジロー訳「鹿児島教理説明書」

「信仰箇条の説明」の翻訳

ザビエルは来日前ゴアで「ドチリナ・ブレベ」をアンジローの助けを借りて日本語に翻訳した。これは二九箇条からなるもので「信者が暗唱すべきお祈りや十戒など」であった。当初、日本に持参する教理書としてもう一つ「信仰箇条の説明」の翻訳が予定されていたが、実施されなかった。教理説明書は布教活動の必須の道具であるから、来日後早々に解決すべき課題の一つとされ、日本からの第一報に「この冬、私たちは印刷させるために『信仰箇条の説明』のやや詳細なものを日本語で作成することに専念するつもりです」（一五四九年十一月五日付ザビエル書翰）と記されている。その結果、「私たちは非常に苦労してこの書を日本語に翻訳し、私たちの文字（ローマ字）で書きました」（一五五二年一月二十九日付ザビエル書翰）とあるようにもう一つの教理書の翻訳が完成した。本書は現物が存在しないことからその表題や内容についていくつかの意見があるが、ここでは「鹿児島教理説明書（カテキズモ）」と称しておく。

本書の内容はザビエル書翰に「天地の創造にかんして、できるだけ簡潔に記し、日本人が知っておくべき事柄、たとえば唯一なる万物の創造者の存在――これは日本人がまったく知らなかった――と他の必要な事柄を述べて、キリストの受肉にまでいたり、さらにキリストの生涯を昇天にいたるまでのあらゆる玄義を通して述べ、そして〔最後の〕審判の日にかんする説明をとり上げた」とある。これはキリスト教会で唱えられるお祈りの一つ「使徒信経（クレド）」の解説である。「使徒信経」とはキリスト教信者の信ずべき基本的な教えである。参考のためにカトリック教会で用いられているものを次にあげる。

われは、天地の創造主、全能の父なる神を信じ、また御ひとり子、我らの主イエズス・キリスト、すなわち聖霊によりてやどり、童貞マリアより生まれ、ポンショ・ピラトの管下にて苦しみを受け、十字架につけられ、死して葬られ、古聖所に下りて三日目に死者のうちよりよみがえり、天に上りて全能の父なる神の右に座し、かしこより生ける人と死せるとをさばかんために来たりたもう主を信じ奉る。われは聖霊、聖なる公教会、諸聖徒の交わり、罪の許し、肉身のよみがえり、終わりなき命を信じ奉る。アーメン。（『カトリック要理』一九五九年）

ザビエルは来日前、モルッカ諸島への布教活動中、テルナテ島に滞在していたとき、上記の「使徒信経」の各事項を解説した一書を作成した。これは「テルナテ教理説明書（カテキズモ）」と呼ばれている。「鹿児島教理説明書（カテキズモ）」の内容にかんしていくつかの意見があるが、ハース師、チースリク師が述べるとおり、「テルナテ教理説明書（カテキズモ）」をテキストとし、翻訳のさい、多少の手直しをしたものが、「鹿児島教理説明書（カテキズモ）」であると考えられる（チースリク「サヴィエルの教理説明」『キリシタン研究』一五）。その理由として、ザビエルら外国人宣教師がまだ日本語も日本の宗教事情も分かっていないこと、領主への訪問や人々への対応などに忙殺され、新たなるものをつくる時間的余裕がなかったこと、などがあげられる。

「鹿児島教理説明書」の作成

「鹿児島教理説明書（カテキズモ）」はザビエルが来日してから半年ほど後の一五四九～五〇年の冬に作成された。この翻訳には日本語を学び始めたフェルナンデスも加わったかも知れないが、ザビエル書翰によれば、彼の日本語が使用可能になるのはさらに半年後のこととされているので、アンジローが翻訳の中心人物であったことは間違いない。訳語には「ドチリナ・ブレベ」で使われていたようにデウスには「大日」、聖母マリアには「観音」、パライソには「極楽」、インフェルノには「地獄」などが用いられていたはずである。この訳文への評価は後にまとめて述べる。

ザビエルは「鹿児島教理説明書(カテキズモ)」をインドの例にならって、「我らの文字」つまりアルファベット表記によるローマ字本を作成した。これは後代に用いられる、教理書の国字本とローマ字本併用の先駆となった。本書は当時の文書には「本(リブロ)」「講話(プラティカ)」「ノート(カルタパシオ)」などと表記されている。

本書の利用について、ロドリゲスによれば、ザビエルは福昌寺へ通ずる石段の最上部に座って、眼を天に上げ、本書を開き「その中に記された玄義を高い声で読んでゆき、通訳のパウロ・デ・サンタ・フェがそれを聴衆に説明した」(『日本教会史 下』)とある。また平戸や山口においても同様に使用された。ザビエル書翰に「このころには、もう私たちの同僚の一人(フェルナンデス)が日本語を話せました。彼は私たちが翻訳した書(リブロ)を読みあげました。そして私たちの説教によって多くの人々が信者になりました。……長い間私たちは一日二回道路で説教することにして、持参した書(リブロ)を読み上げ、読んだ所をもとに、いくつかの説教を行いました」(一五五二年一月二十九日付書翰)とある。これらはザビエルの説教の仕方を伝えているが、説教の内容は不明なのでフロイスの『日本史』によって補ってみよう。ザビエルは天地創造と十戒を読みあげさせてから「偶像崇拝の罪と日本人が陥っているいろいろな誤り」「ソドム〔男色〕の罪」について批判している。またその翌日も天地創造について読みあげてから、「日本人はとくに三つのことでいかに大きな悪事を行っているかを大声で話した。」その三つとは偶像崇拝、男色、嬰児殺し〔間引き〕である（『日本史 6』）。つまり、ザビエルの説教のパターンは「鹿児島教理説明書」の一部分とくに天地創造と十戒を読み上げさせ、新来のキリスト教を人々に印象づけ、この教えによらなければ真の救いがないことを示すために、日本の宗教と日本人の悪習を批判したのである。

「鹿児島教理説明書」の使用期限

「鹿児島教理説明書」はいつまで使われたのであろうか。そのことを伝える唯一の史料はロドリゲスの『日本教会史』である。すなわち、「この福者パードレ・フランシスコの著述は日本における最初の公教要理であって、パードレ・メストレ・ベルシオール・ヌーネスが日本に赴くまで使われた。パードレ・メストレ・ベルシオール・ヌーネスは日本で、福者パードレが作成したものを増補して、さらに詳細なものを整えた。それは二五ヵ条すなわち説教を含んでいたので、二五ヵ条 Nijûgocagiô と呼ばれていた。これは一五七〇年代にパードレ・フランシスコ・カブラルが日本に行くまで使われた」とある。ロドリゲスによれば、「鹿児島教理説明書」はヌーネスの来日（一五五六年）まで、そしてその増補改訂版である「二五ヵ条」はカブラルの来日（一五七〇年）まで、つまり、「鹿児島教理説明書」系の教理書は二〇年間も使用されたことになる。

教理書は一種の消耗品であり、不都合な部分があればそのつど改訂され、やがて、破棄され、新しい教理書に取って代わられる運命にある。「鹿児島教理説明書」も同様で、訳者アンジローの苦労や努力などまったく忘れ去られているが、本書が後の「二五ヵ条」やその後の教理書（国字本、ローマ字本）の基になったことは忘れてはならないであろう。

ザビエル宣教団の日本人

日本人布教協力者の働き

ザビエルは一年あまり鹿児島に滞在し約一〇〇名に洗礼を授けた。この中にはヨーロッパへ渡り、日本人最初のイエズス会士となったベルナルド、後述する市来(いちく)城の家老ミゲルとその家族、さらにアンジローの家族と親戚、友人、ザビエル一行の宿主のマリアなどがおり、彼らはザビエルの薩摩布教の成果である。鹿児島滞在中、ザビエルをはじめトーレスも、のちに日本語の達人となるフェルナンデスも日本語がまったく分からず、日本人との意志の疎通もままならない状況にあったのに、いかなる理由によって一〇〇名もの信者が生まれたのであろうか。私はその大きな理由にアンジローをはじめとする日本人布教協力者の働きがあったと考えている。

私は、アンジローら日本人の働きを明らかにするために、ザビエルの日本布教を、彼をチームリーダーとする組織体（ザビエル宣教団）の活動として捉えることにしている。すなわち、ザビエルとともに来日した日本人を宣教団のメンバーとして正式に位置づけ、役割を明らかにすることによって、ザビエルと各メンバーとの関係、諸活動での責任の所在が明確になり、各メンバーの存在とその活動を正当に評価できると考えたからである。

そして史料的欠如を補う方法として他の布教地および後の一五八〇年代の現地人布教協力者のシステムとを比較することにした。すなわち、前者はザビエルが来日前六年間あまり携わってきたインド漁夫海岸での試みであり、後者は一五七九年以降日本巡察師アレッシャンドロ・ヴァリニャーノによって制度化された日本布教体制である。比較による方法は史料に欠けている部分を推測したり、再構成するうえで有効であると考える。

アンジローの働き

すでにアンジローの活動について述べてきた。すなわち、アンジローは貴久とザビエルとが会見する以前に、貴久にポルトガルのアジア支配の状況やポルトガル人の生活ぶりを話したり、ザビエルおよびキリスト教関係の知識を提供し、そののちにザビエルを貴久に紹介するなどの渉外的活動、および貴久・忍室ら日本人とザビエルとの間の通訳、「信仰箇条の説明」の翻訳などを行った。このほかに、布教活動として、①「私たちのよい同僚であるパウロは、昼も夜もとても熱心に親戚のものに説教することに務め、彼の母親、妻、親戚や多くの知人を改宗させ」（一五四九年十一月五日付書翰）とある説教、②「その土地の出身で、とても善良なキリスト教徒のパウロは教理を教え、導くために、キリスト教徒のもとに留まりました」（一五五二年一月二十九日付書翰）とある信者の教理教育、③「この婦人（貴久の母親）はキリスト教徒が信じていること（教理）を書いて送るように依頼してきましたので、パウロはその作成に数日間専念し、私たちの信仰にかんする多くの事柄を彼らの言葉（日本語）で書きました」（一五四九年十一月五日付書翰）とある教理書作成などがある。以上、アンジローの活動内容は、(1)渉外、(2)通訳、(3)翻訳、(4)説教、(5)教理教育、(6)教理書作成と多岐にわたっている。従来、これらの活動がまったく評価されてこなかったのは、宣教団内での彼の位置づけがなされていなかったことにかかわると思われるので、次に同時代のインドおよび一五八〇年代の日本布教体制における布教協力者と比較し、アンジローの位置づけを行ってみたい。

インドの「修院の若者」

インドにおいてザビエルは半島南部の漁夫海岸へ赴くさい、ゴアの学院で学習中の、同海岸出身の神学生三人（二人は副助祭、一人は助祭）を伴い、現地の言葉であるタミル語とポルトガル語の通訳、説教者として用いた。また別のケースでは「修院の若者（カザ・モッソ）」も同様な役割を果たしていた。彼らの身分であるが、神学生の場合は聖職者であるから問題ないが、「修院の若者」は聖職者ではなく、身分こそ定まっていなかったものの、パードレたちと共に行動する意志を持ち、貞潔の義務を守り、パードレたちと共同生活をして、修院の内外において聖職者に準ずる扱いを受けていた。

インド布教でザビエルが用いていた神学生や「修院の若者」とアンジローと共通する部分は、現地出身者であること、現地語とポルトガル語が分かること、キリスト教教理に通じていること、ザビエルらと共同行動をとる意志のあること、パードレたちに代わって説教したり教理説明したりすること、などである。つまり、アンジローはインドにおいてザビエルらに同伴した神学生や「修院の若者」に相当する位置にあったといえる。

一五八〇年代の同宿

次に、アンジローと同じ活動内容をもつ日本人布教協力者は、一五八〇年代に制度化された日本布教体制においてどのように位置づけられていたのであろうか。ヴァリニャーノは日本人布教協力者を三つの階級にわけた。すなわち、同宿（どうじゅく）、小者（こもの）、看坊（かんぼう）である。それぞれの役職の主たる特徴を示すと、同宿は宣教師に同伴して、布教活動に従事し、小者は宣教団の裏方として、日常生活を支える雑務を担当し、看坊は宣教師不在の地方の教会に定住し、土地の信者の世話係であった。これら三つのうちアンジローはすでに述べた活動内容から同宿にあたる活動をしていたと考えられるので、同宿の職務内容をヴァリニャーノの「スマリオ」によってさらに詳しく見ると、通訳、説教、教理教育、来客との取り次ぎ、茶の湯の接待、文書の代筆、埋葬・ミサ・聖体行列の儀式での補助などである（松田毅一ほか訳『日本巡察記』一九七三年）。これらの内容と上述したアンジローの活動内容とは完全に一致しないが、通訳、説教、教理教育、渉外的活動など、外国人宣教師に同伴し、対外的活動に従事するという基本的な部分においては一致することから、アンジローは後代の同宿の先駆ということができる。開教期には同宿という役職も名称もなかったので、厳密な意味において同宿とはいえないが、私はこれを「同宿役」と呼ぶことにしている。

ジョアネとアントニオ

すでに述べたようにかつてジョアネはアンジローの召使、アントニオは某人の奴隷であったこと、つまり二人とも隷属下に置かれていた身分であった。このことは宣教団における彼らの活動内容と密接に関係している。

彼らにかんする史料は極めて乏しく、一五五一年十月二十日付山口発ザビエル宛トーレス書翰および一五五一年十二月二十四日ころシンカプーラ海峡発ペレス宛ザビエル書翰によって、アントニオがトーレスまたはザビエルの書翰を持参する飛脚として働いていることが分かる。またジョアネとアントニオにかんして「アントニオは彼ら〔日本行き第二陣宣教団〕が山口へ着くまでの通訳として……〔ジョアネは〕来年イエズス会のパードレあるいはイルマンの誰かと一緒に日本へ行き、山口へ着くまでの通訳として使用するためです」とあり、ザビエルはアントニオとジョアネを、外国人宣教師が「山口へ着くまでの通訳」となるように命じている。またジョアネと考えられる人物についてフロイスによれば次のように記されている。一五五〇年鹿児島滞在中のザビエルが一時平戸へ行く時の記述に「通訳として奉仕する召使（モッソ）一人しか連れないで（出かけていった）。彼は平戸において（ポルトガル）船の中でしなければならなかった用務を片づけた後、一ヵ月を経て、（トーレス）師と（フェルナンデス）修道士を残してきた鹿児島へ戻った」（『日本史6』）とあり、文中の「通訳として奉仕する召使」はシュールハンマーおよびヴィッキ両師によってジョアネと推測されている。以上はジョアネとアントニオの働きにかんして私が集めることができたデータのすべてである。これらをまとめると、①国内外において宣教師の飛脚、②来日する宣教師の案内兼通訳（ただし山口まで）となる。データは極めて断片的であり、彼らの活動を明らかにするには不十分であるが、少なくとも彼らが異教徒を対象とする布教活動に直接加わっていないことは確実である。

インドのモッソ

フロイスがジョアネと思われる者を原文では「モッソ」と記していることから、この単語を手がかりにインド布教体制におけるモッソの仕事内容を見ると、食糧の購入・料理・洗濯・水汲み・粉碾き・かまどなどの家事、耕作、荷物の運搬などがある（柳田利夫「キリシタン教会内の非会員日本人―、その役割と性格について」『史学』四八―四）。これらは宣教師の日常生活、布教活動を支える下働きの仕事である。これらの活動内容とジョアネ、アントニオの活動内容と比べてみよう。インドのモッソには飛脚の活動はないが、飛脚は頭脳よりも体力を用いて、宣教団の手足となって働く点においてモッソに相応しい活動といえる。ただ通訳の活動はインドのモッソにはない。普通、通訳は神学生や「修院の若者」が担当していたので、モッソの仕事の範囲を越えているように見えるが、アントニオやジョアネの場合、あくまでも「山口まで」の通訳と限定されており、道中の案内役兼通訳であり、この中には宿泊、食事の手配、荷物の運搬などもろもろの雑用が含まれていた。彼らは「同宿役」のアンジローのように布教活動の最前線に立つ通訳ではなく、山口まで宣教師を無事に案内する世話係であった。以上から、アントニオとジョアネはインドのモッソに相当し、宣教師の日常生活、布教活動を支える雑務担当者であるといえよう。

一五八〇年代の小者

ヴァリニャーノによって制度化された日本人布教協力者の三つの階級のうち、小者はポルトガル語でモッソ・デ・セルヴィソまたはモッソ・デ・カザと表記された。彼らはカザ（修院）やレジデンシア（駐在所）に住み、掃除、料理、洗濯、荷物の運搬、馬の世話、パードレの身の回りの世話など日常の雑務を担当した。これらの内容とジョアネ、アントニオの活動内容とを比べると、ともに雑務担当の裏方である点で共通するので、日本での小者に相当するといえる。私は彼らを小者的役割を担ったことから「小者役」を呼んでいる。

市来のミゲル

ザビエルの市来布教について、ザビエル本人も同僚たちもまったく記していないのであるが、ザビエル薩摩退去以来宣教師としてはじめて同地を訪れたアルメイダが一五六二年十月二十五日付書翰で詳しく述べている。これがザビエルの市来布教を再現する唯一の史料である。

市来は鹿児島から六レグワ（約三三キロ）のところに位置し、その城主は新納伊勢守康久であった。康久の父忠澄は島津貴久の父忠良の家来であり、貴久に敵対する島津実久の拠点であった市来城攻略（一五三九年）のさいには貴久方の主将を務めた。その後、貴久は同城を康久に委ねて、鹿児島の西の守りとした。ミゲルはこの市来城の「管理人〔ヴェアドール・ダ・カザ。家老〕」で、日本名は不明である。彼はザビエルが鹿児島で洗礼を授けた人々のうち、比較的初期の一人と思われる。一五六一年アルメイダが鹿児島在住の貴久を訪ねる途中、市来城に立ち寄ったさい、城内にはミゲルとその家族、城主夫人とその子供たち約一五名の信者がいた。ミゲルは彼らのリーダー的存在であった。城主新納康久は「表面的にはキリシタンではなかったが、内心ではキリシタンであった」とアルメイダが記しているように、キリシタン信仰のよき理解者であり、後援者であった。

ミゲルの活動内容について上述のアルメイダ書翰をまとめると次のとおりである。①洗礼。「パードレ・メストレ・フランシスコが彼〔ミゲル〕に対し、小児に洗礼を授けるように命ずると、そのとおりに行った」とあり、彼はザビエルから洗礼を授ける権限を与えられていた。②教理教育。「彼らの大部分〔アルメイダから洗礼を受けた九名〕はすでにお祈りを知っていた。というのは老人で当家の管理人〔ミゲル〕が教理を教えていたからである」とあり、彼は教理教育を行っていた。③聖具管理。「その老人がやってきて、かつてパードレ・メストレ・フランシスコのもので、彼らに残していった苦行用の鞭（むち）を私に示して」とあり、儀式に使用する、ザビエルゆかりの鞭を管理していた。のちにはアルメイ

図26　市来城跡遠望（東市来町）

ダから譲られた聖水やロザリオも管理することになる。④集会の主宰。「毎週一回、老人はキリシタン全員を集め、三回のみ鞭打ちをさせ」とあり、週一回定期的に集会を主宰し、鞭打ちの行ペニテンシアを行っていた。以上をまとめると、ミゲルの活動内容は①洗礼、②教理教育、③聖具管理、④集会の主宰などである。これらは①はもとより②〜④もザビエルの指示によるものであった（ロドリゲス『日本教会史下』）。

インドのカナカプーラ

このようなミゲルの活動内容はインド布教においてどのような人々によって担われていたのであろうか。広大なインドでは宣教師不在の地域が生じたので、ザビエルは改宗者の信仰を保持するために現地人信者を起用した。彼らはカナカプーラと呼ばれた。カナカプーラとはタミル語に由来し、書記・会計係・支配人・管理人などを意味した。カナカプーラの条件として、信仰心に厚く、教理に通じ、模範的な日常生活を送っている人物であり、各村で一〜二名選ばれた。活動内容は教会の維持・管理、教理教育、緊急時の洗礼、埋葬など宣教師の補助的役割を務めた。活動の対象は異教徒ではなく、改宗した信者であった（ヘスース・ロペス・ガイ「キリシタン史上の信徒使徒職組織」『キリシタン研究』一三）。インドのカナカプーラと市来のミゲルと較べると、信仰生活においても日常生活においても模範的であること、洗礼、教理教育、集会の主宰などの活動内容、さらに活動の対象として改宗した信者であることなどにおいて共通しており、市来のミゲルはインドのカナカプーラの日本版ということができる。

一五八〇年代の看坊

ヴァリニャーノによって制度化された日本人布教協力者の三階級のうち、残ったのは看坊である。看坊とは各村々の教会に居住し、信者の模範となるような剃髪した男性信者のことで、その活動内容は教会の清掃・整頓、霊的書物の解説、病人の訪問、信者間のもめごと処理、緊急時の洗礼、埋葬などである。看坊の大きな特徴として、地方のある定まった教会に居住し改宗者への奉仕を主とし、異教徒改宗のためでないことである（五野井隆史『徳川初期キリシタン史研究』補訂版、一九九二年)。

市来のミゲルと看坊を比べると、家老職にあるミゲルは身分・信仰・人格・教養の点で看坊の条件を満たしている。活動内容であるが、ミゲルの場合、アルメイダがはじめて訪れたとき、城中には建物としての教会はなく、信者の集団(見えざる教会)であったので、教会の維持・管理の仕事はなかった。しかし基本的な活動である洗礼、教理教育、聖具管理などにおいて、またある特定の地域の改宗者への奉仕を目的としている点で一致している。したがって、ミゲルは一五八〇年代の看坊に相当する役割を果たしていたのであり、私はこれを「看坊役」と呼んでいる。

以上、私はザビエルが鹿児島滞在中に組織した日本人布教協力者四名について、ザビエル宣教団における位置と役割を明らかにしてきた。アンジローは日本人布教協力者の中心人物であり、「同宿役」として常にザビエルに同伴し、交渉や布教など宣教団の行う対外的活動の最前線にいたことが明らかになった。このことは後の彼の運命と大いにかかわってくるのである。

ザビエル鹿児島退去

貴久のキリスト教禁教

ザビエルは鹿児島に一年あまり滞在した。当初、外国人宣教師に対するもの珍しさやポルトガルとの通商への思惑などから、社会あげての歓迎ムードであったが、やがてザビエルの説く教えに対して仏教界から反発が起こり、日を経るごとに強まっていった。さらに、期待されていたポルトガル船が来航しなかったことから、貴久はキリスト教布教に対する態度を改め、禁教方針に転じた。貴久の禁教については後述するとして、ザビエルはこれを機に鹿児島を退去し、かねてから予定していた京都行きを決断した。このさい、ザビエルはアンジローを鹿児島に残すことにした。この理由について従来の研究ではザビエル書翰に「当地の出身者で、よいキリスト教徒のパウロは人々に教理を教え、導くために信者と共に留まりました」(一五五二年一月二十九日付書翰)とあることから、鹿児島の信者の世話をするためである、とされ、これ以上のことは論じられることがなかった。私は、このほかに通訳としてのアンジローの限界もあったと考えている。

現地人通訳の問題点

この問題を論ずるさい、通訳にかんするザビエルのインドでの経験を考慮する必要がある。ザビエルは一五四二年五月インドへ到着し、その五ヵ月後漁夫海岸へ赴いた。そのさい現地ツチコリン出身の神学生を通訳として同伴した(彼らは現地の出身者であり、通訳として働いたので、彼らのことを現地人通訳と呼ぶことにする)。ザビエルは彼らを用いて説教や教理教育を行い、さらにキリスト教教理をタミル語に翻訳した。その一年後、ザビエルはその翻訳の誤りに気づいて、部分的に訂正している。その後、現地人通訳の問題点が明らかになってくるのは、ポルトガル人のイエズス会士エンリケ・エンリケスがタミル語をマスターしてから後のことである。すでに述べたように彼はザビエルの勧めでわずか五ヵ月間でタミル語を習得し、現地人から、人間業ではないと評されたほど上達した。エンリケスがタミル語を習得してからイエズス会のインド布教は一大転機を迎えたといってよいであろう。

たとえば、従来、現地人通訳を介して行われてきた現地人とのコミュニケーションが直接的になり、それまで閉ざされていた現地の宗教（ヒンズー教）の世界が開けてきたことである。ヒンズー教が分かればキリスト教との対立点も明らかになり、論争も積極的に行われ、そのための論駁書も作成されるようになった。さらに、現地人通訳による翻訳の適否もわかるようになり、現地人通訳の限界も明らかになってきた。エンリケスの書翰に「当地には信仰の事柄を正しく表明できる通訳はいません。つまり、パードレがあることを述べると〔通訳は〕別のことを述べることが多い」（一五四八年十月三十一日付書翰）とある。現地人通訳は宣教師の言葉を翻訳するさい、彼らのポルトガル語能力およびキリスト教知識の不足、さらには自文化中心的な理解によって、宣教師の真意を誤解あるいは曲解する危険性があった。そして実際に現地人通訳によって翻訳されたタミル語訳教理書の大幅な改訂が行われた。エンリケスの書翰に「お祈りの改訂にも少なからず時間をかけました。というのは以前翻訳されたものには誤りがあったからです。それはトパーズすなわち通訳がそれらのお祈りを正しく訳せなかったという過ちによるものです。私はその翻訳に三〜四ヵ月かけました。というのはこの言葉〔タミル語〕には私たちの言葉に相当する単語が欠けているからです」（一五四九年十一月二十一日付書翰）とある。キリスト教教理の翻訳には語学力やキリスト教理解という通訳本人の能力とともに、現地の言語にキリスト教の概念を表現するのに適当な単語がないという難問もあった。このようなエンリケスの経験を通してザビエルは現地人通訳の問題点と限界を熟知していたので、アンジローを日本で現地人通訳として起用するさいも、当然その限界を認識していたろう。そして日本の宗教の理解や教理書の翻訳はヨーロッパ人宣教師が日本語をマスターしたうえで、主体的に解決すべき課題としていたに違いない。それゆえ、ザビエルは日本滞在の全期間アンジローを通訳として使用しようとせず、インドのエンリケスのように、ヨーロッパ人宣教師の誰かに日本語を学習させ、適当な時期に通訳の交替を予定していたろう。この通訳交替のことは来日前のアンジロー自身も十分了解していた。すなわち、ランチロット編「第一日本情報第二稿」に「〔アンジローは〕日本にキリスト教が広まる良いきっかけが生じ、パードレたちが言葉〔日本語〕に熟達するまで、二年でも三年でも四年でも、その土地へ行くパードレたちとともに行動することを申し出ました」とあり、アンジローも通訳交替の時期を外国人宣教師の日本語習得のときと決めていたのである。

ザビエルは一年間あまりの鹿児島滞在中、布教活動と同時進行するかたちで、日本の宗教、日本へのキリスト教伝来の有無、日本事情などの調査を開始した。忍室との対話はその手初めであった。ところが上述したように、

通訳アンジローの限界

アンジローを介しては言葉および能力の壁に阻まれて布教活動や調査活動に限界が生じ、現地人通訳のアンジローに頼っていては日本で解決すべき諸課題に新たな展開が開けないと気づき始めたと思われる。

このようなとき、貴久の禁教令が出たので、ザビエルは鹿児島退去とアンジローからフェルナンデスへの通訳交替を決断したのであろう。ザビエル書翰に「このころ（平戸到着）には私たちのうちの一人（フェルナンデス）がようやく日本語を話せるようになりました」（一五五二年一月二十九日付書翰）とあるようにフェルナンデスの日本語が使用可能になっていた。この通訳交替は現地人通訳からヨーロッパ人通訳へと質的に異なる通訳の交替によって、諸活動に新生面を切り開こうとするザビエルの積極的な姿勢のあらわれと考えられる。

アンジローの末路にかんする史料

アルメイダの薩摩旅行

一五六一〜六二年アルメイダは鹿児島を訪れた。そのわけは、島津貴久がポルトガルとの通商に意欲を燃やし、日本イエズス会の布教長で豊後在住のトーレスにその仲介を求めたのに対して、トーレスがこの要請を受けてアルメイダを使者として、鹿児島へ派遣したからである。そのいきさつと結果については別著『ザビエルと日本』に譲ることにする。さて、アルメイダは六一年十二月市来を訪れ、ミゲルに率いられた約一五名の信仰集団に会い、その足で鹿児島市内に入ったが、市来に存在したような信仰集団はなく、わずかに数名の信者の訪問を受けたのみであった。この人々の中にアンジローはいなかった。

同じ薩摩領内で鹿児島の近くの市来ではミゲルは健在であったのに対し、鹿児島のアンジローにいったい何が起こったのであろうか。彼が鹿児島から消えた理由は何か、その行方とともに大いに気になるところである。

アンジローの鹿児島出奔

というのはアンジローの評価と密接に関連しているからである。

ところで、アンジローの末路を記した史料は今日まで三点知られている。第一は、フェルナン・メンデス・ピント『東洋遍歴記』（一五七八年ごろ成稿）、第二はルイス・フロイス『日本史』（第一部、一五八六年成稿）、第三はジョアン・ロドリゲス・ツズ『日本教会史』（一六二〇～二四年成稿）である。ここではアンジローの末路を論ずるさい、どの史料によるべきか、その内容と理由を明らかにしておきたい。そのために三点の史料から関連箇所を紹介しておく。

第一はメンデス・ピント『東洋遍歴記』である。

メンデス・ピント『東洋遍歴記』

〔ザビエルは〕その教義によってそこ〔鹿児島〕で改宗させた八〇〇人のもとにパウロ・デ・サンタ・フェを残していった。パウロは彼らのもとに五ヵ月以上留まり、その間、辛抱強く教義を説いていたが、坊主(ボンゾ)たちにひどく侮辱されたために、ついにシナに渡り、そこでリャンポー王国を跳(ちょう)

梁（りょう）していた海賊に殺されてしまった。（岡村多希子訳『東洋遍歴記3』一九八〇年）

メンデス・ピントには誇張癖があるので、とくに数字に注意する必要がある。ここの信者の数字はゼロを一つ落として八〇とすると実際の約一〇〇に近くなってくる。しかしアンジローの末路にかんする基本的なデーターはそろっている。すなわち、

(a)　出奔の時期――ザビエル退去の約五ヵ月後

(b)　出奔の理由――仏僧からの迫害

(c)　最期の状況――中国で海賊による殺害

である。メンデス・ピントはアンジローをはじめ、ポルトガル商人アルヴァレス、フロイスとも熟知の間柄であった。一五五六年メンデス・ピントはイエズス会のイルマンとして来日したが、このときフロイスとはマラッカまで同船している。

第二はフロイス『日本史』である。

フロイス『日本史』　なぜならば、彼（アンジロー）は〔既述のように〕その妻子や親族のものにキリシタンになるようにすすめ、そして事実彼らはキリシタンになったが、その数年後、〔彼は信仰を捨てたのか、キリシタンであることをやめたのか判明しないとはいえ〕、（いずれにせよ）異なった道を辿るに至った。という

のは、かの薩摩国は非常に山地が多く、従って、もともと貧困で食料品の補給を（他国）に頼っており、この困窮を免れるために、そこで人々は多年にわたり八幡（バハン）と称せられるある種の職業に従事している。すなわち人々はシナの沿岸とか諸地域へ強盗や掠奪（りゃくだつ）を働きに出向くのであり、その目的で、大きくはないが能力に応じて多数の船を用意している。（したがって）目下のところ、パウロは貧困に駆り立てられたためか、あるいは彼の同郷の者がかの地から携え帰った良い収穫とか財宝に心を動かされたためか（判らぬが）これらの海賊の一船でシナに渡航した（ものと思われる）。そして聞くところによれば、そこで殺されたらしい。（『日本史　6』）

フロイスは、在日イエズス会を代表する日本通の一人で、一五六三年来日し、三四年間日本に滞在し、信長、秀吉の通訳を務めた。今日までアンジローの最期を論じるさいにしばしば利用される史料である。アンジローの末路にかんするデータをまとめると、

(a)　出奔の時期――自分の妻子をキリシタンにしてから（一五四九年）数年後

(b)　出奔の理由――よりよい生活または富のための、個人的・現世的動機

(c)　最期の状況――八幡（倭寇）に加わり、中国で殺害

となる。

第三はロドリゲス『日本教会史』である。

ロドリゲス『日本教会史』

坊主らは、パードレ達が平戸へ出発してから五ヵ月後に、パウロを国外へ追放した。すなわち、パウロはその信仰のために坊主らから受けた迫害が余りにひどかったので、日本にいることができなくなり、再び船に乗ってシナに向かい、彼らの狂暴を避けることにした。そして、フェルナン・メンデス・ピントはパウロがシナに到着する前に途中で死んだと言っている。(『日本教会史下』)

ロドリゲスはアンジローにかんするデータすなわち、出奔の時期・理由・最期の状況についてすべてメンデス・ピントによっていることが分かる。私が注目しているのは、アンジローの末路にかんして、彼がフロイスの『日本史』によらず、メンデス・ピントを利用していることである。これはメンデス・ピントの記述に対するロドリゲスの肯定的評価であるといえよう。

三　史料の検討

これら二つの史料(ロドリゲスの記述はメンデス・ピントに含める)のデータをまとめると、

(a)　出奔時期

①メンデス・ピント――ザビエル鹿児島退去の「五ヵ月後」
②フロイス――一五四九年から「数年後」

(b)　出奔理由
①メンデス・ピント――仏僧からの迫害
②フロイス――アンジロー個人の現世的動機

(c)　最期の状況
①メンデス・ピントおよび②フロイスとも中国で海賊による殺害

となる。

三つのデータのうち、アンジローがいつ、いかなる理由で、教会を離れ、国を出なければならなかったのか、という最も中心的な部分で二つの史料は相違しているが、いずれに信をおくべきであろうか。まず、出奔理由として、フロイスがメンデス・ピントのように外部（仏僧）からの迫害ではなく、貧困という社会的背景があるにせよ、あくまでもアンジローの個人的な動機に求めている点に私は疑問を感じている。というのは、すでに明らかにしたようにアンジローはザビエル宣教団において同宿役という、いわば宣教団のスポークスマン的役割を果たしており、ザビエル鹿児島退去後も教理を説き、ザビエルの代役を務めているからである。そのアンジローに対し、ザビエル排斥の急先鋒にあった仏僧たちの攻撃が向かわなかったとは考えられないのである。次にアンジローの出奔時期であるが、フロイスの記述で、アンジローの出奔がなぜ「数年後」なのか理解できない。これに対し、メンデス・ピントのようにザビエル退去後の約「五ヵ月後」であれば、ザビエルへの攻撃がただちにアンジローに向かったと考えられるので、合理的に説明がつき、納得がいくのである。

以上から、アンジローの末路にかんする史料として、私はフロイスの記述にはリアリティが感じられないのでメンデス・ピント（およびロドリゲス）の方をとることにし、この記述をもとにアンジローの教会離脱、出奔問題について考えることにしたい。

貴久の禁教とアンジローの出奔

ザビエルの布教活動について当初は好意的であった貴久（たかひさ）がやがて禁教へと変わった理由と経緯について、ザビエル書翰は次のように述べている。

キリスト教禁教の理由と経緯

これらの坊主（ボンゾ）たちは領主に対して、もしも家臣たちに神への信仰を許すならば、領地は失われ、人々によって寺院は破壊され、冒瀆されるだろうと言いました。というのは、神の教えは彼らの教えと反対であり、神の教えを信ずる者はかつて彼らの教えをつくった聖なる人々に抱いていた信心を失ってしまうからです。そしてついに坊主（ボンゾ）たちは、その地の公爵〔貴久〕に対して、死罪をもっていかなる者も、キリスト教徒にならないように命じるようにさせました。かくして公爵はいかなる者も信者にならないように命じました。（一五五二年一月二十九日付書翰）

すなわち、キリシタンの教えは社会の根幹を揺るがす危険思想であるという仏僧の働きかけによって貴久が禁教へと変わった、としている。貴久の禁教の理由は後述するが、その実態がどのようであったか見ておきたい。内外ともに史料が乏しく、よく分からないのが実状であるが、禁教体制は続いていたようである。次にいくつかの例をあげてみよう。

ザビエル鹿児島退去後、同地にキリシタンが存在することが分かっていながら、一〇年間以上も宣教師が派遣されていないことは、貴久の禁教体制が継続していたことを示している。またヴァリニャーノ『東インドにおけるイエズス会の起原と進歩の歴史』に「彼ら〔ザビエル一行〕はそこ〔鹿児島〕でとてもひどい迫害を受けたので、もはやなんらかの成果も期待できないことを知り、退去を余儀なくされ、信者たちを大いに悲しませた。そして彼らは平戸へ赴いた。……薩摩の信者を慰めるためパウロ・デ・サンタ・フェが残った。のちに信者の一部は死亡し、一部はパードレから援助を与えられることなく迫害を受けて死亡し、一部はまだ上述のパードレ〔ザビエル〕の偉大な徳と聖性をはっきりと記憶して生きている」とあり、貴久の禁教と迫害の事実を伝えている。なお、文中のザビエルのことを記憶している人々とは市来（いちく）のミゲルらのことであろう。

市来も一五六〇年代禁教下にあったことは上述のアルメイダ書翰からも分かる。すなわち夫人も子供たちも信者であった市来城主新納康久についてアルメイダは「彼〈城主〉がキリシタンとなって信仰をあえて表明しないのは、国王〈貴久〉の許可を得ず他の教え〈キリスト教〉を信ずることが国王に分かったら、やがてこうむることになる損失を彼が恐れているからである」（ローマ・イエズス会文書館、日本・中国部四、二三七葉）と記しており、城主は、貴久の処罰を恐れて、あえて洗礼を受けなかったことが分かる。

『日新菩薩記』とキリシタン

このように島津家の禁教体制は一貫していたのであるが、貴久ら支配者層はキリシタンをいかなる宗教と捉えていたのであろうか。これも史料がなく確かなことは分からないが、貴久の父忠良の伝記（一五九七年、泰円守貝による）とされる『日新菩薩記』にある忠良の次の御詠歌をもとに推測してみよう。

魔の所為か、　天眼（てんげん）拝み　法華宗
　一向宗に　　数奇の小座敷

これらは忠良が魔のなすところとして排斥したもので、ここには法華宗、一向宗と並んで

「天眼拝み」があげられている。「天眼」はキリシタンと解されているので、キリシタンは禁止さるべき宗教の一つとされていたのである。このうち一向宗禁止の理由は「父母を軽んじ、仏神を疎んずるもので、神明仏陀を忘れ、父母先祖に背くから、天下国家を乱す」と明白に記されており、キリシタンも、「彼〔忠良〕の領国第一義の思考様式、封建的な規範の確立、固定的な臣従関係の確立という当面の目標に合致せぬと判断された」（三木靖『薩摩島津氏』一九七一年）宗教として、一向宗と同類と見なされたことが分かる。確かに、キリシタンの教えには、唯一にして絶対なる神のほか、日本の伝統的な神・仏を認めず『ドチリナ・キリシタン　第七　』に「親、主人、司（つかさ）たる人によく随（したが）へと云う事は、科（とが）にならざる事を云はれん時の事也」とあるように、親・主人への服従も神の掟に反しない限りである、とあり、これは封建体制の確立をめざす支配者にとって領国の存立基盤を危うくする教えと考えられたのである。これまで貴久は父忠良の指導の下、父子一体となって薩摩統一事業をすすめ、忠良の貴久への指導力は絶大なものであった。こうした忠良・貴久のキリシタンへの姿勢と仏僧からの要求があいまって貴久の禁教方針が定まったと考えられる。

以上、不十分ながら貴久のキリシタン禁教の理由とその展開を明らかにしてきたが、このことを前提として、アンジローの教会離脱・出奔について市来のミゲルと対比させながら考えてみたい。というのは同じ禁教下にあって市来のミゲルと鹿児島のアンジローは好対照の道を歩んだからである。私はこの問題をすでに明らかにした両者の宣教団における役割を通して述べることにする。

アンジローの教会離脱・出奔理由

私はアンジローの同宿的役割、ミゲルの看坊的役割を指摘しておいたが、ヘスース・ロペス・ガイ神父は二つの役割を比較してその特徴を次のように指摘している。「彼ら〈看坊〉には同宿の有する巡回者、布教者の性格はなく、常に教会内で働くものである。その聖務には、特に強調された同宿の宣教的分野はない。看坊の活動は、そのような未信者を対象とするものではなく、すでに信者となった人々の世話に焦点が置かれている」（「キリシタン史上の信徒使徒職組織」『キリシタン研究』一三）。つまり、同宿の働きは異教徒への働きかけを主とする外向きの、組織拡大型のいわば攻めのタイプの活動であるのに対し、看坊の働きはすでに改宗した信者の世話を主とする、内向きの、組織防衛型の、いわば守りのタイプの活動である。このことを念頭において改めてミゲルとアンジローの働きをま

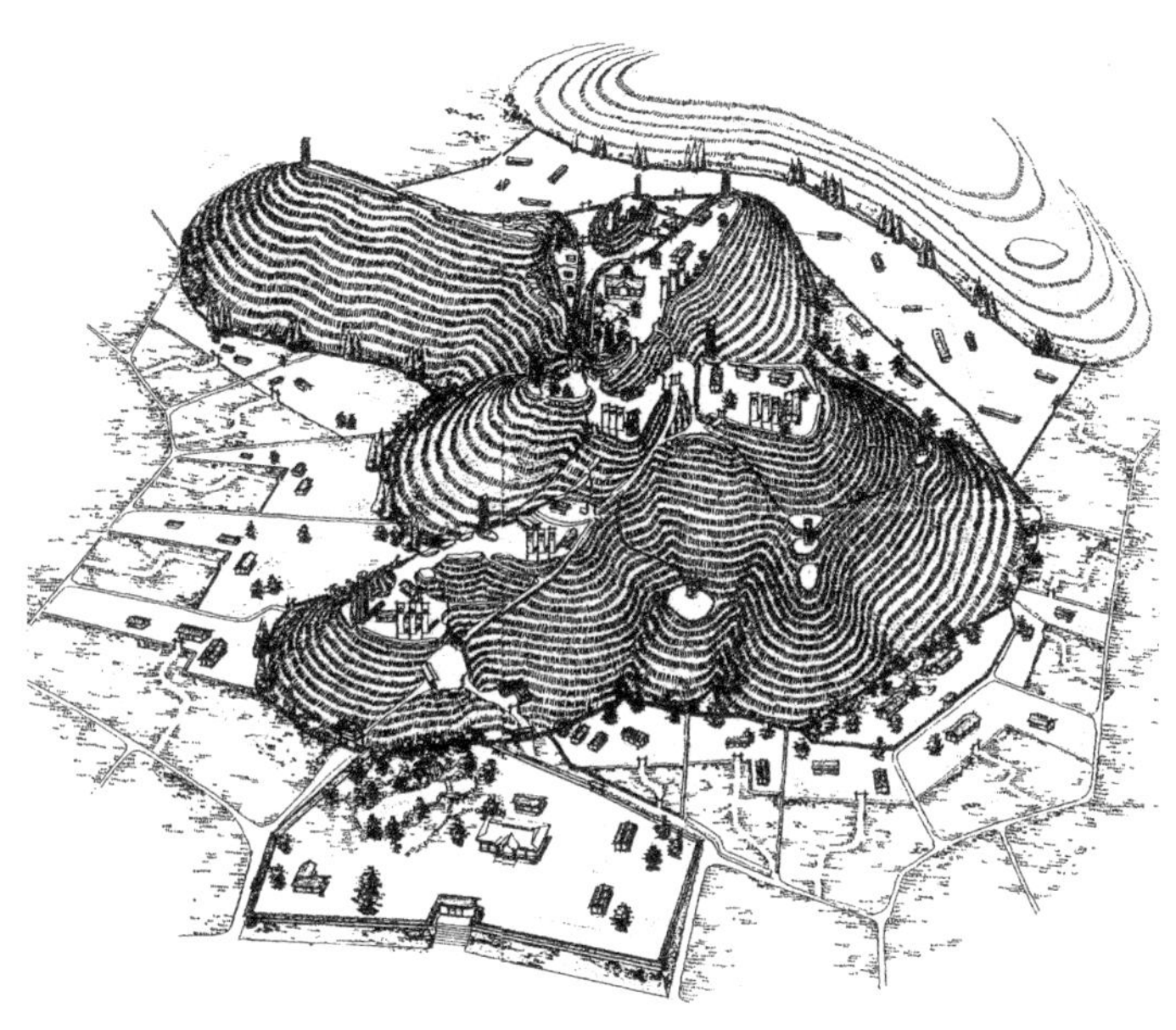

図27　市来城想定復元図（三木靖氏作製）

とめてみると、ミゲルは市来城の家老職にあり、約一五名の集団（のちには七〇名へと拡大）を指導する看坊役であった。その主たる活動の対象は信者である彼の家族と城主夫人とその家族であった。教会は城中にあり、初め建物がなく信者の集会（見えざる教会）であったが、やがて教会がつくられた。つまり、城中の市来集団は一般社会とは遮断された、一種の「隠れキリシタン」であったといえよう。ミゲルは城外に出て布教活動をした形跡はなく、城中の信者の信仰保持に専念し、貴久ら鹿児島在住の支配者や仏僧を刺激することもなかった。島津氏による禁教下、ミゲルは看坊役に徹することによって、市来集団を半世紀以上にわたって維持することができた。後世の看坊をみると、一七世紀になると国家的な規模で禁教、迫害が実施・徹底され、一六一四年には宣教師が国外に追放されるが、宣教師に代わって、地方の教会を支えたのが日本人の看坊であった。彼らは潜伏下の教会において隠れキリシタンのリーダーとなり、信者の世話にあたり、信仰集団を維持したのであるが、ミゲルはその先駆といえよう。

「同宿役」アンジローの悲劇

これに対し、アンジローはザビエルの行くところには常に同伴して各地を巡回し、ザビエルの通訳をし、ときには、ザビエルに代わって説教したり、教理教育をする同宿役であった。彼はミゲルとは対照的に、一般社会に向かって積極的に働きかけるタイプの役目であった。したがってアンジローはザビエルの退去のさい、鹿児島の信仰集団を委ねられてから、禁教へと向かう薩摩の政治・社会状況を配慮して、従来の同宿役から看坊役へと役柄・仕事内容を転換させる必要があった。しかしながら、それは実際上、無理であった。というのは、教会のまとめ役としての看坊たるに相応(ふさわ)しい諸要素――年齢、身分、地位、教養――のどれをとっても、アンジローにはほど遠かったし、もともとアンジローは組織防衛型の看坊として訓練されていなかったからである。アンジローはザビエルあっての同宿役であり、ザビエルの退去により、後盾を失うことになった。にもかかわらず、以前と同じように同宿役として孤軍奮闘するアンジローに対して、社会の風当たりは強く、ついにザビエルより託された鹿児島の信者を放置して、再度、故郷を出奔せざるをえなかったのである。アンジローの出奔理由に彼の信仰心の弱さを指摘する見解があり、もちろん、それも否定できないが、主たる理由とすることはできない。

アンジローは市来のミゲルのように、外界から隔離された城中に留まって自らの信仰と信者を守ることができなかった。彼には、妻子や母親がおり、ザビエルから信者を託されていたので、かつての召使で独身のジョアネやアントニオのようにザビエル宣教団の一員として再度インドと日本との間を往来し、信仰を貫くこともできなかった。このように、ミゲルにもアントニオにもジョアネにもなれなかったところにアンジローの悲劇があった。アンジローの最期はメンデス・ピント（フロイスも同じ）によれば、八幡（ばはん）（倭寇（わこう））の一員に加わり、中国の沿岸で紛争に巻き込まれて殺害されたということであるが、本当のところは分からない。

「大日」問題――アンジロー再評価のために

従来のキリシタン史でアンジローの評価が今一つ芳しくないのは彼の末路と、なによりも彼がザビエルによる「大日」使用の元凶とされていることである。彼の末路についてはすでに述べたので、ここではザビエル「大日」使用とアンジローとのかかわりについて述べてみたい。

「大日」問題とアンジロー

この問題に本格的に取り組んだのはシュールハンマー神父である。『十六、七世紀における日本イエズス会布教上の教会用語の問題』（一九二八年）はそれまでまったく知られていなかった「大日」関係文書を紹介し、それをもとにした唯一の研究であり、今日まで強い影響を及ぼしている。海老沢有道博士は「大日」使用とアンジローとのかかわりについて、同神父の研究を次のように紹介している。「シュールハンマーはヤジロウ（アンジロー）の日本宗教知識の貧困と誤謬の多いことを論じ、なかでもサヴィエルにキリスト教の神を『大日』と呼ぶように教える大失敗を犯した事を論ぜられた」（「ヤジロウ考」『切支丹史の研究』）。またのちに『日本キリシタン史』（一九六六年）においても「（ザビエルは）日本人伴侶ヤジロウの無学のために、当初はそれを『大日』Dainicheと呼ぶような大失敗を犯したのであった」と述べられている。これら二つの文章には多少のニュアンスの違いはあるが、ザビエル「大日」使用の原因がアンジロー、具体的には彼の「無学」にある、という点では一致している。このような、「大日」使用にかんするシュールハンマー神父の「アンジロー元凶論」は国内外において反論もなく引用されて今日にいたっている。

「大日」問題にかんする新見解

私はシュールハンマー神父の研究をもとにさらに南欧各地でえられた文書を分析する過程で、ザビエルによる「大日」採用のプロセスを明らかにすることができた。この結果、ザビエルの「大日」採用は従来考えられてきたように単純なものではないことが分かってきた。その詳細については、別著『西欧人の日本発見』に譲るが、ここでは次の三つに分けて検証してみたい。(1)デウスを「大日」をあてたのはアンジローの「無学」のゆえなのか、(2)ザビエルはゴアで「大日」を採用するさい、なんらかの検討を加えているか、(3)ザビエルによる「大日」採用の意図は何か、の三点である。

アンジローは「無学」か

まず、アンジローが「無学」で仏教知識に乏しかったことから、デウスに「大日」をあてたとする見解について述べる。ゴアでザビエルは日本行きを前にして、天地万物の創造者で、唯一・絶対なるキリスト教の神デウスをどのように表現するか、大いに頭を悩ませたに違いない。当時、ゴアでは日本の宗教がいかなる宗教なのか、キリスト教はすでに日本に伝来しているのか、日本の宗教とキリスト教との関係はどうなのか、まったく分からない状況であった。ゴア在住のパードレの中には、日本にもキリスト教が中国から伝わったと考える人もいたほどである。このようなとき、アンジローはランチロットあるいはザビエルから、日本の宗教における究極の存在について問われたとき、日ごろ親しんできた真言宗の知識をもとに、それは大日如来（略して「大日」）である、と答えたのである。大日如来とはマハ・ヴァイローチャナ・タターガタすなわち、マハーが「大」、ヴァイローチャナが「非常に輝くもの」、タターガタが「如来」を意味し、これを太陽に喩(たと)えて大日如来と意訳したものである。つまり、太陽のごとく、唯一絶対なる宇宙の根本仏であり、諸仏の最高位にある仏である。密教の伝統的な考えに「唯一身説」があり、これによれば大日如来は一神教の神に近い存在となる。太陽のイメージは一六一八年十二月二十五日付コンスタンツォ書翰に「彼〈ザビエル〉はたまたまこの神〈大日〉がキリストであり、正義の太陽であると信じていた」とあるように、唯一にして絶対なるデウスと「大日」とが太陽のイメージで重なっており、アンジローがデウスを「大日」とあてたことは必ずしも的はずれのことではない。

また、のちのことであるが、一五六〇年六月二十日付ロレンソ書翰に「真言宗の人〈僧侶〉は、私たちの説くところをダイニチ〈大日〉であると言い」とあるように、「有学」の真言宗僧侶も「大日」をデウスと同一視しており、真言宗の立場に立てばデウスに「大日」をあてるのは当然のことであった。したがって、今まで言われてきたように「無学」ゆえにアンジローが「大日」をあてたとはいえないのである。このデウスの訳語の問題は一つの文化〈宗教もこの一つである〉を他の文化に移すときに不可避的に生じる、今日でも解決困難な問題の一つである。このことは幕末以降のキリスト教の神の訳語の変遷をみればよく分かるであろう。

「大日」採用とザビエル

第二に、ザビエルは「大日」を採用するさい、なんらかの検討を加えているか、について述べる。このような事情を記した直接史料はないが、間接的に解明することが可能である。上述した、ザビエルのために作成されたランチロット編「日本情報」がその材料となる。「日本情報」はランチロットがアンジローから日本に関する事情を聴取し、これらを編集したもので、この文中には編者ランチロットによるキリスト教的解釈が含まれている。ランチロットの原本はイタリア語で作成されているが、幸いなことにこの「日本情報」にはザビエルのスペイン語訳が存在する。「日本情報」には宗教用語として三つの日本語すなわち、デニチ（大日）、コヂ（荒神—三宝荒神）、カンノン（観音）が存在するので、この三つの単語にかんする部分のみ、ランチロットの正本とザビエルのスペイン語訳を比較してみよう。

(1)　デニチ

みな唯一の神を崇拝する。それは彼らの言葉でデニチと呼ばれている。このデニチは、しばしば一つの身体に三つの頭〔三面一体〕をもって描かれ、それでコヂと呼ばれている。この人〔アンジロー〕は三つの頭の意味が分からなかったが、デニチも〔三面一体の〕コヂも、私たちの神と三位一体のように、すべて一つであることを知っていた。……シャカは万物の創造者である唯一の神が存在することを教えた。

(2) カンノン

彼らはまた、私たちの処女マリアのような、子供を腕に抱き、彩色された婦人〔像〕を持っている。これはカンノンと呼ばれ、私たちの聖母と同じように、どのような不幸のさいにも、普く守護してくれるものとされている。しかしこの人〔アンジロー〕はこの聖なる婦人の歴史や生涯を説明できなかった。

以上のうち、棒線部分がザビエル訳で削除されている箇所である。(1)を見ると、唯一の神が「大日」とあてられたところとコヂは原文のまま残されているが、大日如来の化身である三面一体の〔三宝〕荒神がキリスト教の三位一体〔父なる神、子なる神、聖霊なる神は一体であるという教理〕と解釈されている部分は削除されている。(2)では子供を抱く母子観音が御子イエスを抱く聖母マリアと対比されているが、スペイン語訳では全面的に削除されている。

以上、ランチロット「日本情報」中の日本語の宗教用語を選び、その部分の正本とスペイン語訳とを対照し、削除箇所を示してきた。このスペイン語訳に存在する他の削除部分や書き改めた箇所も含めていえることは、ザビエルは「日本情報」を細部にわたって慎重に検討していること、彼は未知の宗教を安易にキリスト教的に解釈したり、キリスト教のものと対比することに批判的であること、が分かる。しかし、すでにお気づきのように、「デニチ」は例外である。「唯一の神」「万物の創造者である唯一の神」に「デニチ」があてられている箇所は「カンノン」の例からみれば、当然、削除の対象となるべき箇所である。にもかかわらず、削除せず「大日」を残している。それゆえデウスの訳語として「大日」を用いるにあたってはしかるべき理由があったに違いない。

ザビエル「大日」使用の理由

第三に、ザビエルが「大日」を使用した理由について考えてみよう。ザビエルは来日する前に約六年間インド半島や他地域での布教経験があった。その間、インド半島の漁夫海岸ではキリスト教教理のタミル語訳を行い、部下のエンリケスによるその改訂作業も当然知っていたので、教理書翻訳の困難さも問題点も十分分かっていたはずである。インドではザビエルはキリスト教教理をタミル語に翻訳するさい、デウスをはじめとする重要な宗教用語はタミル語に翻訳せず、原語のポルトガル語を使用しており、宗教用語にかんして原語主義を方針としていた。そのザビエルがなぜ日本においてデウスには原語を用いず、訳語の「大日」を用いたのであろうか。この問題を考える場合忘れてならないことは、ザビエルが未知の国日本へ最初に入る宣教師であるという特殊事情である。このことを無視しては理解できないであろう。

来日前、ザビエルにはデウスか「大日」か二つに一つの選択肢があった。そのさい両者のそれぞれについてプラス、マイナスの検討があったはずである。その結果デウスではなく「大日」が選ばれたのは、なによりもまず日本社会に宣教師が受け入れられ、日本人とのコミュニケーションを第一義としたからではなかろうか。まず、日本社会に入って日本語を学び、日本の宗教事情をはじめとする諸事情を調べる必要があった。最初からデウスを説いたのでは日本人との間にコミュニケーションが成り立たず、日本到着そうそうから活動できない恐れがあった。そこでとりあえず日本人になじみのある「大日」を用い、「大日」をキーワードとして日本の宗教を知る手がかりとしようとしたものと考えられる。

来日後の経過をみると、結果的には「大日」を説くキリスト教は「天竺宗(てんじく)」として、別の宗教ではなく、仏教の一派と見られたものの、ザビエルらは日本社会に比較的スムーズに入ることができ、いち早く領主島津貴久や宗教界の長老忍室らと親交を持つことができた。そしてその一年後にはフェルナンデスの日本語も上達し、やがて真言宗の僧侶との対話も可能となり、一五五一年彼らとの論議を通して「大日」とデウスが同一でないこと、キリスト教と仏教とが互いに異なる宗教であることが分かった。「大日」は開教期にあって日本社会とザビエル、仏教とキリスト教を媒介するキーワードとして機能したのである。

ザビエルの「大日」使用は日本布教のパイオニアとして日本社会に入り、日本の宗教を認識し、理解するための一つのステップであったといえよう。したがってザビエルの「大日」使用を従来の研究のように単純に失敗と片付けられないし、ましてやその全責任をアンジロー一人に負わせることはできないのである。

「大日」は一五五一年以降布教の場から消えたが、宣教師の仏教研究の場においては生きていた。一五六〇年代初め「大日」はスコラ哲学の「第一質料（マテリア・プリマ）」（万物の基礎材料）と規定され、禅、神道、儒教などの究極を哲学的に分析するさいのキーワードとして用いられていたことをつけ加えておく。

アンジローの評価――エピローグ

キリシタン時代のアンジロー評

フロイス、ヴァリニャーノ、ロドリゲスらキリシタン史を代表する宣教師がアンジローをどのように見ていたか、彼らのアンジロー評を掲げ、コメントしてみたい。

フロイスの評価

まずフロイスである。彼は一五六三年来日し、三四年間日本に滞在し、日本語の達人で、信長、秀吉らとの通訳を務めた。一五八三～九五年にキリシタン通史である『日本史』を執筆し、そこでアンジローについて次のように述べている。

パウロは、この未開墾の葡萄園（日本）の発見者であるメストレ・フランシスコ師に日本の諸事情について知識を与えた最初の人物であった。彼は司祭たちをインドから日本へ導いた人であった。彼は彼らにとってこの国の言語や習慣について教えたその人であった。彼はまったく変身し、信仰に関することどもを十分に教育されてインドから戻ってき、人々がその円熟みと知識に期待していた（とおり）、あの当時（実際に）良い模範を示した。ところが後になって幾人かは彼について（喩え話としてこんなことを）言ったのである。彼は賢人達を東洋（オリエンテ）からよく導いてきたが、彼らといっしょにベツレヘムで厩（うまや）の中へ入らなかった星のようだ、と。（『日本史 6』）

ヴァリニャーノの評価

次はヴァリニャーノである。彼は日本巡察師として一五七九〜八二年、一五九〇〜九二年、一五九八〜一六〇三年と併せて三回、九年あまり日本に滞在し、ザビエル以来の日本布教体制を整備し、確立した功労者である。一五八三〜九三年にかけて『東インドにおけるイエズス会の起原と進歩の歴史』を執筆した。次に紹介する部分は必ずしもアンジロー評ではないが、彼の働きを述べているところである。今日までこの一部分は紹介されているが、関係する部分全体を訳出しておく。

パウロは教養ある人ではなかったので、私たちのドチリナ〔教理書〕を日本語に訳すさいできる限りのことをしたが、〔その訳〕はとてもひどいできであり、日本人には愚弄と嘲笑の代物であった。というのは、パードレ〔ザビエル〕が述べる事実を十分に表わしていなかったし、教養ある人が読んで笑わずにはいられないようなできであったからである。しかし、パードレの慈愛は冷めるどころか、むしろ困難であればあるほど燃え上がった。そして彼〔ザビエル〕はその聖なる生き方と、私たちの主から示された霊によって、彼の言わんとしていることが善であると、〔人々に〕気づかせたのである。このことはパウロ・デ・サンタ・フェによるのでも、人々に読まれた例の本〔アンジロー訳教理書〕によるのでもなかった。

日本に変わった人々が出現し、日本人が今まで聞いたこともないような、珍しい教えが説かれたので、多くの人々が集まった。そして人々は好奇心に心を動かされ、服装や習慣がとても異なり変わっているパードレたちを見たり、彼らの話に耳を傾けた。ところが通訳がいなかったので、彼らは〔キリスト教の〕概念を十分に説明できず、人々の質問や問題点についてすべて説き明かすことができなかった。それゆえ、ある者たちは彼らを愚弄し、ある者たちはあざ笑い、ある者たちは彼らの服装や習慣に驚き、ある者たちはついには彼らに同情を示し、日本人に新しい教えを説くためにあのように遠方の土地からやってきた人が馬鹿であるはずがない、彼らの話には多少の価値がある、などと考えた。このように人々の間では彼らについてさまざま感想や意見があった。(ヴィッキ編『東インドにおけるイエズス会の起原と進歩の歴史』一九四四年)

ロドリゲスの評価

第三は、ジョアン・ロドリゲス・ツズである。一五七七年来日し、三三年間滞在した。日本文化に精通し、フロイスと並んで日本語の達人であった。秀吉や家康らとの通訳を務めた。日本を追放されマカオにおいて一六二〇～二四年『日本教会史』を執筆した。この前半部分はすでに紹介したので、その後の部分を示す。

こうしてキリストの御為にこの地で非常な働きをした善人パウロは、同じくキリストの御為に迫害を受けたのであるから、彼がその功績に対して褒賞を受けたこと、しかも彼の功績こそはまことに大であって、まさに殉教に類するものであり、主はこれに対して褒賞を与えようと望み給うたのだということを、私は疑わないのである。なぜならば、主は彼をこの国民の改宗の手段や道具として用い給うたからである。彼がキリスト教に改宗したのちは、まことに有徳で、他の模範となるべき人物であって、このことは彼に親しく接し、身近に彼を知っていた福者パードレ・フランシスコが折に触れて強調しているところである。

さて、キリシタンは、パードレたちの出立を深く悲しみ、また後になってパウロ・デ・サンタ・フェの追放されたことをさらに深く嘆き悲しんだ。しかしながら、福者パードレは、その同伴者たちと共にその地にいた年に、聖なる信仰に関する事柄を非常によく教え込んだので、それらのキリシタンは一〇〇名を越えない人数に過ぎないし、まる一三年間もパードレは居らず、誰ひとりとして訪れて来る者もいなかったけれど、彼らの信仰を保つばかりでなく、むしろその数は増して行き、一五六三年には五〇〇名もキリシタンになっていた。そしてこれらキリシタンの改宗は大部分がパウロ・デ・サンタ・フェのおかげであった。(『日本教会史 下』)

以上、引用が長くなったが、三つを並べて読むと、三者三様であり、各人のアンジローに対する距離・立場・時代的背景の違いがよく分かり興味深い。

三者三様のアンジロー評

まずフロイスであるが、彼の評価は文中の譬え話「彼は賢人たちを東洋からよく導いてきたが、彼らと一緒にベツレヘムで厩の中に入らなかった星のようだ」に端的に示されている。すなわち、アンジローはザビエルに日本の存在を知らせ、日本情報を提供し、道案内として彼を日本へ導いたという点にのみ功績が認められている。鹿児島でのアンジローの諸活動はあえて言及するほどのこともなかったのであろうか、ほとんど評価されていない。

次はヴァリニャーノである。アンジロー訳教理書（「ドチリナ・ブレベ」と「信仰箇条の説明」）、アンジローの通訳・翻訳ぶりについて当時の人々の反応を伝えている点は貴重である。彼によれば、アンジロー訳教理書は「ひどいできであり」日本人のひんしゅくをかい、ザビエルらが愚弄と嘲笑ともの笑いの的とされた、としている。またアンジローの通訳ぶりについては「通訳がいなかった」と評し、アンジローの通訳・翻訳の働きや質について酷評している。ヴァリニャーノの来日はザビエル来日三〇年後のことであり、当時にあっては、キリスト教と仏教との違いは自明の理であった。そして仏教論破に燃えるヴァリニャーノにとってデウス＝「大日」は思い出したくもない唾棄すべきことであったのだろう。ヴァリニャーノの立場と当時の雰囲気を伝えるアンジロー評である。この評価はヴァリニャーノの知名度もあって内外ともに大きな影響を与えている。

第三はロドリゲスである。彼は前二者とは対照的にアンジローに同情的であり、彼の使徒的働きを認めようという視点で書いている。ロドリゲスがアンジローに好意的であったのは、本書執筆のとき、日本は禁教下にあり、厳しい迫害下で健闘している日本人布教協力者への応援の気持から、かつて島津氏の禁教下で苦闘したアンジローへの共感となったものと思われる。なお、アンジローを評価しようとするあまり、彼の活動を過大評価する史料を用いている。たとえば、一五六三年に五〇〇名改宗とある部分はゴンサルベス『ザビエル伝』によっているが、事実とは異なる。

現在まで先学によるいくつかのアンジロー評があるが、アンジローにかんする独自の研究がなされてこなかったこともあって、いずれもこれらキリシタン時代の宣教師の評の単なる引用である。

私のアンジロー評価

では、私のアンジローに対する評価について述べる。今まで述べてきたことからもお分かりのように、アンジロー研究はある意味ではザビエル研究であるといってよいであろう。アンジローはザビエルとの関連でしか史料に登場せず、ザビエルあってのアンジローであり、アンジローを語ろうとすればザビエルのことに触れないわけにいかないからである。従来、ザビエルは聖人であることを大前提にして研究され、聖人ザビエルとの関連でアンジローも論じられてきた。これに対し私はザビエルを聖人視するのではなく、一個の人間として研究してきたので、その新たな視点によって、従来の研究ではあいまいな部分や見えなかった部分をいくぶんかは明らかにできたように思う。

ではこれらをもとに、アンジローのキリシタン史上の意義をまとめてみよう。

キリシタン史上の意義

第一　アンジローはパウロ・デ・サンタ・フェの名の下に洗礼を受けた日本人最初のキリスト教徒であること。

第二　アンジローはフロイスをはじめ万人から認められているように、ザビエルの日本開教・キリスト教伝来の端緒となったこと。すなわち、日本の存在と日本人をアッピールし、日本情報を提供し、彼を日本に導いたこと。

第三　ザビエル鹿児島滞在中（一年あまり）、ザビエル宣教団において、ザビエルの布教に協力し、その働きは後の「同宿」に相当し、「同宿」第一号とされる日本人ロレンソの先駆と位置づけられること。

第四　「大日」問題に見るように、キリスト教と仏教の思想的交流の原点となったこと。ザビエルの「大日」使用は従来より否定的にとらえられているが、イエズス会の仏教研究に大きな第一歩となり、貢献したと評価できる。

図28　アンジロー銅像（左。鹿児島市山下町ザビエル公園）

これら四点に付随してアンジローには日欧文化交渉史上、「日本人として最初」という栄誉に輝く事績があるので列挙してみよう。

第一　アンジローはヨーロッパの言語の一つであるポルトガル語を話し、読み書きした最初の日本人であり、同時にアルファベット使用の第一号である。

第二　アンジローはポルトガル語の教理書を二点日本語に翻訳し、さらにザビエルの言葉を通訳しているので、欧文から日本語への翻訳者・通訳の第一号である。

第三　アンジローはポルトガルのアジア領で最大かつ最も西欧化された都市、「東洋のローマ」と称されたゴアの聖パウロ学院に学んでいるので、ヨーロッパ文化・文明を享受した最初の日本人留学生である。

第四　アンジローがザビエルやランチロットに日本情報を提供したことによって、日本の実像がはじめてヨーロッパに伝えられることになった。つまりアンジローは日本情報をヨーロッパへ発信した最初の日本人である。

日欧文化交流史上の意義

以上に掲げたような「日本人として最初」と称される数々の偉業が氏名も定かでなく、素性もよくわからない、学問もない、いわばただの人によってなしとげられたことは驚嘆に値する。なぜそれが可能になったの

アンジローの現代的意義

か、その理由をアンジローの能力、資質、生き方に求めてみよう。

第一　アンジローはザビエルによって救われ、古い自分から新しい自分へと生まれ変った。この救いの喜びを万人に伝えたいという強い動機が存在したこと。動機は強ければ強いほどいかなる困難をも乗り越えさせる原動力となる。

第二　アンジローはザビエルを感心させるほどの旺盛な知的好奇心の持ち主であったこと。知的好奇心は他の世界を理解する始まりであり、みずからを向上させる源となる。

第三　アンジローは聖パウロ学院で修道士のごとく生活し、勉学に励み同学院の模範生と称されたほど、新しい環境に対処しうる柔軟さ・適応力を持っていたこと。外国では「郷に入れば郷に従え」にのっとり、外国の生活・文化を尊重し、自然体で生活しうる、しなやかさが必要である。

第四　アンジローは日本社会、文化、宗教などについて、ザビエルやランチロットらに説明できるだけの知識を持っていたこと。私たちの身のまわりのことや日常的な習慣、信仰など知識として客観的に把握していないと、自国語でも満足に説明できないし、ましてや外国語で説明することは困難である。

第五　アンジローは自分の考えを筋道を立てて、論理的に話すことができたこと。文化を異にする外国人と付き合う場合、以心伝心では自分の考えや思いは相手に伝わらない。

第六　アンジローはアルヴァレスやザビエルとの初対面のときでも意志の疎通ができる程度の語学力を持っていたこと。上述の第二から第五までの条件が揃っていても外国人と付き合うためにはコミュニケーションの手段として外国語は不可欠である。

今日、日本経済の海外進出によって日本人と外国人との交流・接触の機会はますます増えつつあり、海外へ出る日本人の総人数は一年間に延べ一千数百万人を超えるという。二一世紀において日本社会の国際化はますます進むことであろう。このような時代にマラッカでザビエルと堂々と議論し、ゴア留学では所定の学業を修め、鹿児島ではザビエルの右腕として活躍した、戦国時代の国際人アンジローから学ぶものは多い。

あとがき

本書の執筆を編集部より依頼されたのは、今から七年前のことである。当時私はザビエルの日本布教に関する第二作目の論文集を構想中であった。同書ではアンジローと最もかかわりの深い鹿児島滞在期までを予定していたので、まず基礎的な研究を終えてから本書にとりかかりたい、という希望をお伝えすると、快く了承された。以来、今日に至るまで長い間お待ちくださったことに感謝している。

上述のザビエル研究は前著に引き続き吉川弘文館から一九九八年に『ザビエルと日本―キリシタン開教期の研究』として出版された。翌九九年はザビエル来日四五〇周年のイベントがあり、さまざまな角度からザビエルを検討することができて幸いであった。こうして二〇〇〇年夏、ようやく本書を執筆する機会が到来したのである。

執筆にさいして、『西欧人の日本発見―ザビエル来日前、日本情報の研究』と『ザビエルと日本』という、私のザビエル研究を基として、アンジローの生涯を再構成し、以上の二書では扱えなかったマラッカやゴアの部分に意を注ぎ、とくにゴアの聖パウロ学院はわが国では未開拓の分野なので、詳しく述べることにした。そして全体の執筆方針として、次の三つの柱を立てた。

①四半世紀にわたる国内外での調査で収集した、原本あるいは写本などの根本史料に基づいて研究すること

②こうして得られた成果をもとに、従来のアンジロー像を再検討し、キリシタン史上のアンジローとその働きを正当に評価すること

③異文化理解・交流という視点から、アンジローを戦国時代の初の国際人と評価し、日・欧間の、仲介役としての努力や苦労を明らかにして、異文化への適応あるいは国際化への条件を探ること

以上のような意気込みで執筆したのであるが、②と③に関してその意図がどの程度達成されたか、読者諸氏のご判断に委ねたい。

本書で取り上げた内容について、本務校である桐朋学園大学短期大学部文科および非常勤講師として務める東京外国語大学外国語学部での講義において扱ったことがある。学生

諸君との対話、レポートや感想文などをとおして、アンジローが決して過去の人ではなく、二一世紀の現代にも十分通ずる人物であることを再認識し、自説に自信を深めることができてうれしかった。かつての受講者諸君に感謝している。また、このような特殊な研究を長年にわたり温かく見守り、支援してくださっている短期大学部の同僚諸氏および桐朋学園に感謝する次第である。

現在、鹿児島市山下町のザビエル公園内には、ザビエル、鹿児島出身者で日本人として初めてローマへ行ったベルナルドと並んでアンジローの銅像が建っている。一九九九年十月に建立されたものである。アンジローは前二者と比べて余りにも評価されることが少なかったが、ザビエル来日四五〇周年を機にアンジローも評価しようという機運が人々の間に高まってきたことを物語っている。今後、アンジローは多くの人々の目にとまり、話題とされる機会も増えてゆくことであろう。本書がアンジローを理解するための一助となれば幸いである。

二〇〇一年五月

岸　野　久

参考文献

生田　滋「大航海時代の東アジア」（榎一雄編『西欧文明と東アジア』平凡社、一九七一年）

ヴァリニャーノ著　岩谷十二郎訳『東インドに於けるイエズス会の起原と進歩の歴史（二）』（『キリシタン研究』第二十八輯）

海老沢有道『日本キリシタン史』（塙書房、一九六六年）

海老沢有道『ヤジロウ考』（『増訂切支丹史の研究』新人物往来社、一九七一年）

岡本良知『十六世紀日欧交通史の研究』改訂増補版（六甲書房、一九四二年）

ガイ著　井手勝美訳「キリシタン史上の信徒使徒職」（『キリシタン研究』第十三輯）

岸野　久『西欧人の日本発見――ザビエル来日前　日本情報の研究』（吉川弘文館、一九八九年）

岸野　久『ザビエルと日本――キリシタン開教期の研究』（吉川弘文館、一九九八年）

五野井隆史『徳川初期キリシタン史研究』補訂版（吉川弘文館、一九九三年）

チースリク「サヴィエルの教理説明」（『キリシタン研究』十五）

土井忠生「ジョアン・ロドリゲスの日本観」（『キリシタン文化研究会会報』十一―二・三）

永積　昭「東南アジアの植民地化」（『岩波講座世界歴史』16、岩波書店、一九七〇年）

ピレス著　生田滋他訳注『東方諸国記』（『大航海時代叢書』V、岩波書店、一九六六年）

フロイス著　松田毅一他訳注『日本史　6』（中央公論社、一九七八年）

福尾猛市郎『大内義隆』(『人物叢書』16、吉川弘文館、一九七五年)
三木　靖『薩摩島津氏』(『戦国史叢書』10、新人物往来社、一九七一年)
メンデス・ピント著　岡村多希子訳『東洋遍歴記　3』(『東洋文庫』373、平凡社、一九八〇年)
リンスホーテン著　岩生成一他訳注『東方案内記』(『大航海時代叢書』Ⅷ、岩波書店、一九六八年)
ロドリゲス著　池上岑夫他訳注『日本教会史　下』(『大航海時代叢書』X、岩波書店、一九七〇年)
柳田利夫「キリシタン教会の非会員日本人一、その役割と性格について」(『史学』四十八―四)

著者紹介

一九四二年、東京都八王子市に生まれる
一九六五年、立教大学法学部法律学科卒業
一九七五年、立教大学大学院文学研究科博士課程単位修了
二〇〇〇年、文学博士（立教大学）
現在、桐朋学園大学短期大学部教授、東京外国語大学非常勤講師

主要著書
西欧人の日本発見―ザビエル来日前日本情報の研究　ザビエルと日本―キリシタン開教期の研究　イエズス会と日本二〈共訳〉　キリシタン教理書〈共編著〉　キリシタン史の新発見〈共編著〉

歴史文化ライブラリー
126

ザビエルの同伴者　アンジロー
戦国時代の国際人

二〇〇一年（平成十三）九月一日　第一刷発行

著　者　岸野久（きしのひさし）

発行者　林　英男

発行所　株式会社　吉川弘文館
東京都文京区本郷七丁目二番八号
郵便番号一一三―〇〇三三
電話〇三―三八一三―九一五一〈代表〉
振替口座〇〇一〇〇―五―二四四

印刷＝平文社　製本＝ナショナル製本
装幀＝山崎　登

歴史文化ライブラリー

1996.10

刊行のことば

現今の日本および国際社会は、さまざまな面で大変動の時代を迎えておりますが、近づきつつある二十一世紀は人類史の到達点として、物質的な繁栄のみならず文化や自然・社会環境を謳歌できる平和な社会でなければなりません。しかしながら高度成長・技術革新にともなう急激な変貌は「自己本位な刹那主義」の風潮を生みだし、先人が築いてきた歴史や文化に学ぶ余裕もなく、いまだ明るい人類の将来が展望できていないようにも見えます。このような状況を踏まえ、よりよい二十一世紀社会を築くために、人類誕生から現在に至る「人類の遺産・教訓」としてのあらゆる分野の歴史と文化を「歴史文化ライブラリー」として刊行することといたしました。

小社は、安政四年(一八五七)の創業以来、一貫して歴史学を中心とした専門出版社として書籍を刊行しつづけてまいりました。その経験を生かし、学問成果にもとづいた本叢書を刊行し社会的要請に応えて行きたいと考えております。

現代は、マスメディアが発達した高度情報化社会といわれますが、私どもはあくまでも活字を主体とした出版こそ、ものの本質を考える基礎と信じ、本叢書をとおして社会に訴えてまいりたいと思います。これから生まれでる一冊一冊が、それぞれの読者を知的冒険の旅へと誘い、希望に満ちた人類の未来を構築する糧となれば幸いです。

吉川弘文館

〈オンデマンド版〉
ザビエルの同伴者 アンジロー
戦国時代の国際人

歴史文化ライブラリー
126

2021年（令和3）10月1日　発行

著　者　　きし の　　ひさし
岸 野　　久

発行者　吉 川 道 郎

発行所　株式会社 吉川弘文館
〒113-0033　東京都文京区本郷7丁目2番8号
TEL　03-3813-9151〈代表〉
URL　http://www.yoshikawa-k.co.jp/

印刷・製本　大日本印刷株式会社

装　幀　清水良洋・宮崎萌美

岸野　久（1942～）

ISBN978-4-642-75526-9